기독론 논쟁

기독론 논쟁
THE CHRISTOLOGICAL CONTROVERSY

초판 발행　1998년 2월
초판 제2쇄　2010년 3월
편저자　리처드 A. 노리스
옮긴이　홍삼열
발행처　은성출판사
등록　1974년 12월 9일 제9-66호
ⓒ 1998년 은성출판사

주소　서울시 강동구 성내동 538-9
전화　070) 8274-4404
팩스　02) 477-4405
홈페이지　http://www.eunsungpub.co.kr
전자우편　esp4404@hotmail.com

출판 및 판매에 관한 모든 권한은 본 출판사가 소유하고 있습니다. 출판사의 사전 서면 허락없이 상업적인 목적으로 번역, 재제작, 인용, 촬영, 녹음 등을 할 수 없음을 알려드립니다.

Printed in Korea
ISBN: 89-7236-192-5 33230

Originally published in English under the title: The Christological Controversy edited by Richard A. Norris in 1980. All rights to this book, not specifically assigned herein, are reserved by the copyright owner. All non-English rights are contracted exclusively through Fortress Press, U. S. A.

The Christological Controversy

Sources of Early Christian Thought

by
Richard A. Norris. Jr.

translated by
Sam Y. Hong

기독론 논쟁

리처드 노리스 편저
홍삼열 옮김

목차

서문/9
I. 개론/11
　초대 기독론
　초기의 논제들
　　순교자 저스틴
　　사르디스의 멜리토
　　리옹의 이레니우스,
　　카르타고의 터툴리안
　　알렉산드리아의 오리겐
　후기의 논제들
　　아리우스주의자들과 아타나시우스
　　라오디게아의 아폴리나리스
　　몹수에스티아의 테오도르
　　시릴
　　네스토라우스
　　유티케스
　　레오와 칼케돈
II. 사르디스의 멜리토: 유월절 설교/49
III. 리옹의 이레니우스: 이단 반박문/69
IV. 터툴리안: 프락세아스 반박문 그리스도의 육신에 대하여/83
V. 오리겐: 제일 원리/99
VI. 아타나시우스: 아리우스주의자들에 대한 반론/111
VII. 라오디게아의 아폴리나리스:
　　그리스도 안에서의 몸과 신성의 연합에 대한 단편집/135
VIII. 몹수에스티아의 테오도르: 교리적 단편집/147
IX. 칼케돈 회의에 이르는 논쟁들/181
　"하나님의 어머니"(Theotokos)에 대항하는 네스토라우스의 첫번째 편지
　네스토라우스에게 보내는 알렉산드리아의 시릴의 두번째 편지
　시릴에게 보내는 네스토라우스의 두번째 편지

안디옥의 요한에게 보내는 시릴의 편지
콘스탄티노플의 플라비안에게 보내는 교황 레오 1세의 편지
칼케돈 회의의 "신앙의 정의"

참고문헌/ 207

서문

　기독교는 언제나 역사적 사실에 관심을 가지고 있었다. 기독교의 동기와 그 관심은 하나님의 자기 표현 즉 그의 독특한 역사적 행위인 나사렛 예수라는 한 역사적 인물의 생애에 집중되어 있었고 앞으로도 계속 그러할 것이다. 신약 성서에 의하면 이 예수는 이스라엘 민족사 안에 위치해 있었고 자신을 이스라엘 하나님의 계시의 절정으로서 역사의 새 장을 여는 인물로서 이해했다. 이 예수의 첫 제자들과 그들을 따르는 세대는 자신들을 이 새 역사의 한 부분으로 인식했다. 기독교는 가르침이나 초시간적인 철학의 집합체가 아니라 역사적 상황을 인정하면서 절대 도피를 시도하지 않는 역사 안의 역사의 한 운동이었다.

　이제 책임감있는 학자들은 기독교가 언제나 다양한 예배와 신학적 언어와 조직 체계를 가진 어떤 사람들이 생각하는 것보다 훨씬 더 복잡한 것이었음을 인식하고 있다. 기독교는 역사의 대장간에서 다양한 형태를 취했다. 어떤 의미에서는 역사가 기독교의 형태를 결정한 요인이었다고 말할 수 있다. 기독교의 역사에 발전이 있었다는 견해는 실제적으로 보편적인 의견이다. 그러나 모든 역사적 사건들이 기독교의 발전에 똑같은 영향을 준 것은 아니다. 기독교의 처음 수세기 동안의 역사적 경험이 후대의 기독교를 결정했다. 기독교 신앙의 특징들이 확정된 때가 바로 이 초기 단계였다. 이때 용어가 만들어졌고 믿음과 실천의 방식이 결정되었다. 하나님과 그리스도 예배 공동체적 구조 인간에 대한 이해 등 이 모든 것들이 첫 시기, 즉 교부 시대(100-700년)에 거의 확정되었다. 따라서 기독교를 신봉하는 사람들과 종교적, 역사적 현상으로서 기독교에 관심이 있는 사람들은 이 전환기에 기독교 신앙에 어떤 일들이 일어났는지 특별히 주목해야 한다.

본서의 목적은 기독교와 기독교 신학이 어떻게 현재의 정형화된 형태를 획득하게 되었는지 증언해 주는 주요 문서들을 독자들에게 제공함으로써 이 중요한 기독교 시기와의 일차적 접촉을 유도하기 위함이다. 교부들의 문서 전체나 그 일부를 가능한 대로 수록하였다. 초대교회 내의 상이한 견해들이 각자의 목소리를 낼 수 있도록 하였다. 각 권의 편역자가 제공하는 개론은 독자에게 문서의 배경을 잘 설명해준다.

본서를 통해 독자들이 초대 교회를 보다 잘 이해하고 나아가 20세기의 기독교가 어떻게 여전히 초기의 사건과 사상과 사회 상황들을 반영하고 있는지 발견하게 되기를 바란다.

교회 내의 교리 발전의 문제가 오늘날 교회 일치를 위한 대화의 기본이 된다는 주장은 계속 반복되어 왔다. 만일 이런 견해가 수용된다면 그리고 역사적 연구가 필요하다는 견해도 아울러 수용된다면 교부들의 문서와 사상에 대한 더 깊은 지식이 진정한 교회일치 운동을 위해 필수적이다. 기독교사(基督敎史)에 대한 지식 추구와 아울러 교회 일치에 대한 관심이 초대 기독교 사상 자료집을 출판하게 된 계기이다.

윌리암 러쉬(William G. Rusch)

1
개론

이 책은 교부 시대의 기독론의 발전을 설명하기 위해 문서들을 정리해 놓은 모음집이다. 이 책에 번역된 첫 문서는 당시의 기독론 사상을 주도하게 될 개념들과 문제점들이 처음으로 정형화된 시기인 2세기 후반의 작품이다. 마지막 작품은 일반적으로 정통 기독론의 한계를 규정한 것으로 인정되는 칼케돈 회의(451년)의 유명한 "신앙의 정의"이다.

초대기독론

기독교는 구원의 메시지를 선포하는 운동으로 역사의 무대에 등장하였다. 설교자들은 하나님께서 "만물의 회복"(행 3:21) 즉, 악이 바로잡히고 인류가 하나님과 화해하게 되는 세계인 선지자들을 통해 약속된 새 세계를 시작하셨다고 외쳤다. 이 선포는 나사렛 예수의 생애와 목회에 근거를 두고 있는데 그는 몸소 이곳에 오셔서 하나님의 결정적인 통치권의 주장인 이른바 하나님 나라의 도래를 선포하셨다. 그는 분명히 자신의 목회를 다가오는 구속의 징조와 예비로 보고 있었다.

그러나 초대 기독교의 설교는 단순히 예수의 가르침에만 기초하고 있는 것은 아니었다. 그분의 메시지가 죽은 자 가운데서의 부활을 통해 입증되고 가시화 되었다는 확신에서 그 설교가 생겨난 것이었다. 당시 세계를 지배하던 세력들은 예수를 배척하고 죽였다. 그러나 하나님은 그를 일으키셨고 그 사실은 약속된 대로의 세계의 변화 즉 "다가올 세계의 삶"이 그 안에서 그리고 그를 위해 이미 실현되었다는 것을 의미한 것이었다. 더 나아가 그 사실은 사람들이 이미 이 세상에서 새 삶을 미리 맛볼 수 있다는 것을 의미했다. 왜냐하면 예수 안에서 자신들의 운명이 계시되고 결정되었다고 믿는 사람들에게 하나님의 영이 예수를 통해 내려왔기 때문이었다.

그래서 처음부터 예수에 대해 언급해야 할 두 가지 것들이 있었다. 첫째는 선지자와 예언자들이 항상 고대하던 바 하나님의 구원이 이미 예수에게서 실현되었다는 것이었다. 그는 이미 만물의 새 질서에 속한 분이었다. 둘째는 다른 사람들이 이 예수를 통해 만물의 새 질서로 들어갈 수 있다는 것이었다. 그는 하나님의 통치의 구현자이고 하나님의 구원의 중계자였다. 간단히 말해 그는 기독교 용어로 말해서 메시아이고 그리스도이고 하나님의 아들이었다.

여기서 우리는 "기독론"(Christology)이 무엇을 의미하는지를 알 수 있다. 그 용어는 예수를 대상으로 삼는 어떤 종류의 탐구나 숙고가 아니다. 그것은 정확히 예수의 "메시아적 성격"에 관심을 가지는 탐구와 숙고이다. 다시 말하면 기독론은 한 가지 질문을 던지는데 하나님이 인류를 향한 자신의 목적을 실현시키기 위해 예수의 탄생과 죽음과 부활을 통해 행동하셨는데 과연 예수가 그 예정된 "하나님의 아들"이라는 사실이 무엇을 전제로 하며 무엇을 의미하는가를 묻는다. 그리고 이 사실은 처음부터 기독론에 어느 일정한 논리가 부여되고 있음을 의미한다. 예수를 기독론적으로 이해하고 평가한다는 것은 한편으로는 그가 하나님과 가지는 관계를 묻는 것이고 또 한편으로는 한 인간으로서의 그의 대표성 즉 인류의 공동 운명을 총괄하고 결정하는 자로서의 그의 위상을 표현할 방법을 찾는 것이다.

최초의 기독교 문서는 예수의 메시아적 성격을 설명하는 다양한 방법을 보여 준다. 아마도 최초의 기독론은 하나님이 결국 예수를 통해 만물을 정리하게 된다는 의미에서 단순히 예수를 도래하는 메시아로 선포했던 것 같다. 이런 기독론에서는 "하나님의 아들"이란 칭호가 예수의 신성을 지칭하는 것이 아니라 예수가 부름을 받아 하나님의 계획에 따라 어느 한 임무를 위해 성별되었다는 사실을 지칭했을 것이다. 그러나 사실은 예수를 이런 식으로 생각하는 방법은 기독교가 지중해의 헬라어권 사람들 사이로 퍼져 들어갈 때 호응을 받지 못했다.

아마도 우리는 우리에게 알려진 최초의 기독교 문서인 바울 서신을 통해 당시의 상황을 가장 잘 연구할 수 있을 것이다. 우리는 거기에서 예수에 대한 묘사에 대해 적어도 다음의 세 가지 중요한 발전을 발견할 수 있다. 첫째로 그는 단지 앞으로 오실 메시아로서뿐만 아니라 기독교 공동체와 온 우주의 현재적 "주님"으로 선포되고 있다. 그의 부활은 벌써 새 창조의 힘이 운행하고 있다는 것을 말해 준다. 그래서 그는 하늘의 인물이고 인류를 향한 하나님의 영원한 섭리의 구현이고 그 섭리의 우주적 실행자이다. 둘째로 예수가 지상 생애의 시작 때부터 행한 모든 것은 하나님의 의지의 표현이요 하나님의 주도에 의한 산물이다. 바울은 우리 가운데 예수가 계시다는 그 자체가 신적 "파송"(갈 4:4)의 결과이고 예수가 "율법 아래 놓인 자들을 구속하기 위해"(갈 4:5) 오셨다고 주장한다. 그러면 예수의 목회는 그 자체로 인류를 향한 하나님의 계획의 실행인 셈이다. "그리스도 안에서 하나님은 세상을 자기와 화해시키신다"(고후 5:19). 마지막으로 초대교회는 예수의 지상 목회를 하나님의 아들이—즉 하나님의 존재 자체의 표현이요 피조물을 향한 그의 의지의 표현인 하늘의 존재가—인간이 되어 "우리와 함께"(마 1:23) 하시는 것으로 생각하기 시작했다. 부활을 통해 우리에게 계시된 예수는 언제나 변함이 없는 예수, 즉 "생명을 주는 영"(고전 15:45)이셨다.

우리는 이런 종류의 생각들을 바울 문서에 인용된 두 가지의 초기 기독론적 찬가에서 발견하게 된다. 바울은 빌립보서에서 이렇게 말한다. "그는 비록 하나님의 모습을 지니셨으나 하나님과 동등함을 당연하게 생각하지 않으시고 오히려 자기를 비워서 종의 모습을 취하시고 사람과 같이 되셨다"(빌 2:6-7). 바울은 여기서 의심할 여지 없이 당시의 유명한 어구를 인용하고 있는데 그는 독자들에게 겸손과 사랑을 가르치기 위해 이를 인용하고 있다. 그러는 중에 그는 당시 그의 교회에서 통용되고 있는 기독론적 신앙을 단편적으로나마 우리에게 제공하고 있다. 그리스도는 "하나님의 모습을 지닌" 그러나 구원을 이루기 위해 인간으로 이 땅에 오신 하늘의 존재이다. 골로새서에서 이 하늘의 존재의 정체가 더욱 분명해진다. "그는 보이지 않는 하나님의 형상이요 만물의 첫열매이시다. 땅과 하늘에 있는 만물이 그를 위해 창조되었고…그는 만물보다 먼저 나신 분이고 만물은 그의 안에서 존속한다"(골 1:15-17).

사실 그리스도는 인격화된 신적 지혜이고 하나님이 생각하고 계획하는 모든 것의 산 표현이다. 하나님은 반드시 그를 통해 일을 하신다. 이 지혜가 예수 안에 있는 사람들과 함께 하시는 분이다. 그리하여 예수는 인간이지만 우주를 지탱하며 하나님의 섭리를 이루는 신의 능력이 그의 안에서 활동하고 있다.

이것이 예수에 대한 기독교의 사상을 일순간에 주도하게 되었던 기독론이다. 이 기독론은 신약의 결정체로 요한복음에서 모습을 드러내는데 그곳에서 예수는 창조력있는 로고스 또는 "은혜와 진리"를 명백히 알리기 위해 "육신이 되신" 하나님의 "말씀"으로 이해되고 있다(참조 요 1:1-14). 그것은 히브리서에서도 나타나는데 그곳에서 하나님의 아들은 하나님이 "세상을 창조하실 때" 창조의 대행자로서 그리고 "하나님의 영광을 반사하고 그분의 본질 자체의 형상을 지닌 존재"(히 1:2-3)로 묘사되고 있다. 궁극적으로 신약성서는 예수의 인간적 삶을 이해할 때 하나님이 태초에 세상을 창조하시면서 자신을 드러내신 그 능력 자체의 역사적 구현으로 밖에 달리 예수를 이해할 수 없었다. 이런 방법을 통해서만 사람들은 예수의 삶과 죽음과 부활의 진정한 보편적 의미를 설명할 수 있었고 그가 가져다 준 구원의 결정적이고도 궁극적 성격을 설명할 수 있었던 것으로 보인다.

신약성서에 적용되는 것은 다른 초대 기독교 문서에도 그대로 적용된다. 예를 들어 1세기 말의 로마 교회의 작품인 클레멘트의 첫번째 편지는 주 예수 그리스도는 "육신을 따라서는" 야곱의 자손이지만(I 클레멘트 32. 2) 성부 하나님의 아들인 동시에 "그의 영광의 광채"이기 때문에 그가 사람들에게 궁극적 빛에 대한 지식을 제공할 수 있다고 말한다(I 클레멘트 36; 59. 1 참조). 로마 교회의 또 다른 문서인 소위 『허마스의 목자』(Shepherd of Hermas)는 "하나님은 먼저 계시고 만물을 창조하신 성령을 하나님이 원하시는 육신에 거하게 하셨다"(Hermas Similitudes 5. 6. 5)고 말한다. 허마스는 성령을 하나님의 아들과 같은 존재로 간주하는 동시에 그를 "영화로운 사람"(9. 7. 1; 9. 6. 1 참조)으로 그리고 일곱 천사 중의 으뜸으로 환상 중에 "목격한다"(9. 12. 6-8). 다른 존재들은 그를 통해 하나님의 임재를 경험하게 된다. 그는 "만물보다 먼저 계시고 하나님 앞에서 자신의 창조물의 조언자"이시다. 그래서 허마스에게서 그리스도는 성령이시고 아들이시고 사람이시고 천사이시다(다소 혼동스런 명칭들의 나열이지만). 그러나 그의 기본적인 의미는 분명하다. 예수는 어쨌든 "성령"과 "천사"로서 하나님의 세계에서 우리의 세계로 오신 분이다. 그러나 그는 신적 반열의 어느 누구와도 비교할 수 없을 정도로 뛰어나신 분이다. 그는 본래적 의미에서의 성령이시요 천사이시다. 즉 구약성서에 나오는 하나님의 지혜나 말씀과 마찬가지로 창조시 하나님의 조언자요 협력자이셨다.

본질적으로 위와 동일한 형태의 기독론이 안디옥의 이그나시우스(Ignatius of Antioch)에게서 발견되는데 그는 순교당하기 위해 로마로 호송되는 중에(113년) 일곱 교회에게 연속으로 편지를 썼다. 이그나시우스에게 있어서 예수 그리스도는 "침묵으로부터 나오는 하나님의 말씀"이시다(*Magnesians* 8. 2). 또한 그는 다윗의 자손이시고 마리아의 아들이시다. 즉 그는 태어나셨고 음식을 먹고 마셨으며 고난을 당하셨고 "죽은 자들 가운데서 참으로 일어나셨다"(*Trallians* 9. 1-2). 이런 주장들은 부분적으로는 논쟁의 상황에서 만들어진 것들이지만 이그나시우스의 다음의 말로 요약될 수 있다. 예수 그리스도는 "만세 전에 성부와 함께 계셨고 끝날에 나타나셨다"(7. 1). 혹은 "한 분 의사가 계시다. 그는 육이신 동시에 영이시고 태어나신 동시에 태어난 적이 없으시고 인간 가운데 하나님이시고 죽음 가운데 참 생명이시고 마리아와 하나님으로부터 낳으시고 처음에는 고난을 당하셨으나 나중에는 고난을 당하실 수 없으신 예수 그리스도 우리 주님이시다"(*Ephesians* 7. 2).

클레멘트와 이그나시우스와 허마스는 신약 성서 기자들과 기본적으로 같은 논조로 이야기를 전개하고 있다. 그들은 예수와 그가 가져다 주는 구원을 하나님의 고유한 자기 표현 즉 하나님의 아들의 성육신에 의거하여 설명한다. 그 결과 예수의 모습은 두 가지 특징을 가지게 된다. 예수는 자신 안에서 두 가지 존재 방식의 통일성 즉 영육 또는 신인의 통일성을 구현하는 분이다. 이런 예수의 모습이 후대 교부들에게 기독론의 출발점과 기본 사상 체계를 제공하고 무엇보다도 논쟁의 사안을 제공하게 된다.

초기의 논제

그런 예수의 모습이 이후의 기독론과 관련하여 논쟁의 사안을 제공한다는 말은 곧 그것이 자세히 검토되고 진지하게 연구될 때 풀기 어려운 많은 문제들을 만들어 낸다는 말이다. 그런 문제들은 자연히 예수에 대한 비평적이고도 체계적인 사상을 산출해 내었다. 우리는 이런 과정의 시초를 2세기에서 찾아볼 수 있는데 그 때 두 가지의 독특한 기독론적 문제들이 제기되고 논의되었다. 첫번째 문제는 예수로서 또는 예수 안에 성육신 하신 하늘의 "권세"에 관계되어 있고 두번째 문제는 예수의 "육"의 실체를 즉 보통 인간으로서의 그의 본성을 부인하는 것에 의해 야기되었다.

순교자 저스틴(Justin Martyr)

성육신하신 하늘의 권세에 관련된 문제들은 2세기 변증론자들에게서 발견되는 이른바 로고스 신학의 출현으로 집중적인 관심의 대상이 되었다. 로고스 신학은 2세기 중엽 로마에서 활동한 순교자 저스틴의 사상에서 중심적 역할을 하고 있는데 사실 저스틴은 예수를 육을 입으신 하나님의 로고스 또는 "말씀"으로 묘사하는 요한복음 1:1-14의 용어를 빌어 쓴 것이었다. 이 로고스는 하나님의 아들로서 성부와 구별되는 한 실체이고 창조를 위해 성부로부터 나신 (begotten) 분이다. 저스틴이 이해하고 있는 바에 의하면 옛 언약의 백성들에게 하나님을 알려준 분이 바로 그 로고스였고 마지막 때에 육과 영과 혼을 가진 한 인간이 되신 분도 같은 로고스였다(1. 10. 1). 선지자들이 가르친 대로 로고스는 비천하고 겸손하게 내려오셨다. 그러나 그가 두번째로 오실 때는 영광 가운데서 세상을 심판하시고 성부의 나라를 확립하실 것이다.

저스틴이 자신의 기독교 선생들에게서 배운 것으로 주장하는 대로 지금까지의 그런 가르침에는 그다지 새로운 것이 없다. 정작 새로운 점은 그가 기독교 철학자로서 당시의 플라톤 사상과 스토아 사상을 도입하고 그러면서 로고스에 대한 심화된 이해를 전개한 데 있다.

저스틴에게는 본질적으로 "로고스"는 "이성"을 의미했다. 그리고 전통적인 스토아의 가르침에 의거하여 그 용어는 내재하는 활동적인 형성하는 우주의 원리 즉 세계의 구조를 유지하고 질서를 부여하는 신적인 세력을 의미했다. 그러나 이 신적인 이성은 첫번째의 근원적인 신이 아니고 파생적인 "출생한" 존재였다. 로고스는 세계를 구성하고 운행하기 위해 신적인 말씀으로 발출된 신적 이성이었다. 물론 그만큼 로고스는 하나님의 존재와 의도를 완전히 표현하는 존재였다. 그것은 마치 불(하나님)에서 불이 붙여진 또 하나의 불과 같았다. 그러나 여전히 그것은 파생체였고 그 때문에 유일하신 하나님보다 열등하였다.

저스틴에게 있어서 로고스는 하나님과 피조물 사이의 중계자였다. 표현 불가능하고 이해불가능한 창조자는 파생적인 자기 표현 즉 로고스를 통해서만 이 세상과 관계를 가진다. 우주를 지었고 아브라함과 모세에게 "나타났으며" 모든 인간에게 하나님의 이성적 성질을 분배함으로써 하나님에 대한 지식을 제공한 존재가 바로 이 로고스였다. 따라서 로고스가 마귀의 비이성적 세력들을 이기고 인류에게 새 생명의 길을 열어주기 위해서 예수에게 성육신 하였다는 사실이 이해가 간다.

이런 로고스 교리의 발전은 즉각적으로 문제를 일으켰다. 이에 공개적으로 반기를 든 사람들은 "군주론자들"이었는데("하나님은 하나"라는 생각을 고집하기 때문에 그런 이름이 붙여졌다) 그들은 로고스 교리를 유일신론에 대한 명백한 도전으로 인식하였다. 그런 교리는 신의 세계에 다중성을 도입하는 것으로 보였다. 그러나 사실은 반드시 그런 것만은 아니었다. 저스틴의 사상 체계에 의하면 마지막에 가서는 참으로 단 하나의 궁극적인 신만이 존재하는 것이고 로고스는 약간 하등한 신 즉 하나님의 순전한 신성과 피조물의 비신성 사이의 어떤 것이었다. 저스틴은 그런 위계구조적인 세계 질서의 상을 통해 예수의 성육신을 이해하였다. 그러나 그런 구조에서 로고스는 하나님과 세상 사이의 일종의 완충 지역인 셈이었고 그것이 저스틴의 기독론을 위태롭게 한 주요 요인이었다. 우선 그의 기독론은 이런 질문을 야기시킨다.

기독교인들이 "중계자"란 명칭을 예수에게 적용시킬 때 그 명칭의 정확한 뜻이 무엇인가? 중계자란 말이 단순히 로고스 즉 하나님과 인간 사이를 잇는 자연적인 중간 지점을 의미하는 것인가? 아니면 그 중계자를 통해서 하나님과 인간이 어떤 방법으로든 직접적으로 관계를 맺게 되는 것인가? 만일 후자가 맞는 이론이라면 저스틴의 로고스 교리는 심각한 오해를 하고 있는 것이다. 또한 그의 가르침은 불가피하게 "도대체 왜 하나님은 자신과 피조 세계 사이에 중간인을 필요로 하는가"라는 의문을 야기시킨다. 저스틴은 하나님이 직접 "육"과 관계를 맺을 수 없다고 생각하는 것인가? 이것이 바로 그의 위계구조적 세계관이 의미하는 것이었다.

저스틴에게 있어서 이런 생각은 아직 개척되지 않은 가능성일 뿐이었다. 그러나 다른 2세기의 신학자들은 원래 신의 세계에 속한 존재가 보통 인간의 육을 취한다는 것은 상상조차 할 수 없는 것이라고 공공연히 주장하였다. 이들은 "가현론자"로 불리는데 그들은 예수의 육을 단순한 "외형"으로 간주하고 하나님과 물질 세계 사이에는 절대적 대립성이 있다고 믿었다. 그들에 의하면 물질 세계는 둘째 하나님 즉 악하거나 열등한 하나님이 독자적으로 창조한 것이었다. 이런 극단적 이원론은 결국 구속의 의미에 대한 독특한 이해를 낳았다. 사도적 가르침의 참 의미를 전달한다고 주장하는 영지주의 사상가들은 구속을 인간의 "영적" 부분을 가두고 있는 물질 세계로부터의 해방으로 주장하였다. 당연히 이런 구원관을 가지고 있는 사람들은 신적인 구속자가 진정한 육을 취했다는 것을 인정하려들지 않았다. 그 대신 그들은 참 그리스도가 인간 예수를 그림자처럼 보이지 않게 항상 따라 다니며 그와 같이 있었던 것으로 암시하는 경향이 있었다. 그렇게 되면 그리스도는 출생, 배고픔, 고난, 죽음 등 여러 가지 불명예스런 것들로부터 자유로울 수 있기 때문이었다. 또 한편 마르시온(Marcion of Pontus) 같은 사람들은 예수의 육을 허깨비(phantasmal)라 주장하였다. 그렇다고 이들 모두가 인간 가운데서 궁극적 하나님의 계시자의 존재를 부인하고자 했던 것은 아니었다. 그들은 하나님이 실제로 시공 세계의 일부가 될 수 있다는 이론을 부인하려 했던 것이었다.

이런 견해의 뒤에는 구약성서의 하나님에 대한 배척이 있었다. 창세기에 의하면 하나님이 현재의 견딜 수 없는 만물의 질서를 만들어낸 장본인이기 때문이었다. 그러나 유대인들의 하나님에 대한 이런 거부는 인간 존재의 현재적 상황 즉 이 세상으로부터의 깊은 소외감의 표현이었다. 마르시온과 그와 같은 생각을 하는 사람들에게는 현재 상태로서의 만물들에는 악의 요소가 분명히 있기 때문에 어떻게 해서든지 하나님을 그런 것들과 연관시켜서는 안된다는 것이었다. 그리고 바로 그 이유 때문에 하나님의 로고스는 성육신 되어서는 안된다는 것이었다.

예수와 그의 사역에 대한 심각한 문제들이 2세기에 두 가지 다른 방식으로 대두되었다. 저스틴의 로고스 신학은 성육신의 기독론이 실제로 예수를 "우리와 함께 하시는 하나님"으로 주장하려는 의도를 가지고 있었던 것인지 다른 말로 하면 중계적인 로고스가 성육신한다고 할 때 우리가 진정한 의미에서 그 로고스를 인간 안에 임재하는 하나님으로 이해할 수 있는지에 대해 의문을 제기할 필요성을 느끼게 하였다. 또 한편으로 마르시온과 영지주의 운동은 육은 정확히 악이고 하나님은 악과 전혀 상관이 없는 분이기 때문에 성육신의 개념 자체가 용어상의 모순이 아닌지에 대해 의문을 제기하였다.

사르디스의 멜리토(Melito of Sardis)

이런 맥락에서 멜리토의 기독론 사상이 검토되어야 하는데 그의 사상은 전통적인 입장을 설득력있게 변호하고 있다.

멜리토 자신은 별로 알려지지 않은 인물이다. 최근까지만 해도 그는 유세비우스의 『교회사』에 나오는 언급과 후대의 작가들이 그의 글에서 직접 인용한 것들을 통해서만 우리에게 알려졌다. 그러나 새로 발견된 멜리토의 『유월절 설교』의 거의 완벽한 사본이 1940년에 출판되었고 그 후 다른 사본들이 발견되면서 우리는 더욱 완벽한 본문을 가질 수 있게 되었다.

대충 읽어 내려가도 곧 드러나게 될 사실이지만, 이 작품은 많은 면에서 흥미롭다. 그것은 우리가 현재 가지고 있는 최초의 기독교 설교들 중 하나이다. 그것은 또한 초기의 성서 해석과 초기의 기독교와 유대교와의 관계를 이해하는 데 중요하다. 그러나 현재 우리는 그것이 어떻게 그리스도를 설명하는지에 대해 관심이 있다. 여기서 우리는 기본적으로 바울과 4복음서에 의존하는 전통적 기독론의 웅변을 첫눈에 발견한다. 멜리토에 의하면 그리스도는 아담이 전해 준 고생과 죽음에서부터 인류를 구속하기 위해 성육신 하신 영광스러운 신적인 인물이다. 더 나아가 하나님의 아들의 성육신은 모세의 율법 전체의 완성이다. 멜리토에게 있어서 모세의 율법은 그 자체로 하나님의 구원 역사일 뿐만 아니라 그리스도 안에 있는 완전한 구원을 암시하는 "유형"이다.

멜리토는 출애굽의 유형론적 해석을 통해 그리스도의 역사와 이스라엘의 역사를 하나의 통일체로 엮어가면서 의식적으로나 무의

식적으로 가현론(假現論)에 반대하는 입장을 취한다. 마르시온과 영지주의자들은 유대교 성서를 배척할 뿐만 아니라 참 하나님이 모세와 선지자들의 역사에 어느 한 순간이라도 활동하셨거나 계시되었다는 사실을 부인한다. 그러나 멜리토는 그의 성서해석 방법을 통해 그리스도 이전에 있던 하나님의 백성의 역사에 중요성을 부과하지 않을 수 없었다. 그는 "하나님의 첫 열매"(역자 주—그리스도)가 이스라엘을 아니 더 나아가 창조 때부터 성육신의 때까지의 모든 인류를 부르시고 인도하셨다는 사실에 기초해서 역사의 근본적 통일성을 주장한다.

멜리토가 마르시온과 영지주의자들의 문제점들을 의식하고 있다는 것은 그가 성육신의 육체적 성격을 강조한다는 사실에서도 역시 드러난다. 멜리토는 하나님의 아들이 한 인간을 "입으셨고" 고난받는 자들을 위해 참으로 "고난받으셨다"(*Hom.* 100)고 주장한다. 십자가에 달리시고 돌아가시고 무덤에 묻히신 분이 바로 그분이다. 멜리토는 어떻게 그런 일이 일어날 수 있는지에 대해서는 묻지 않는다. 그는 단지 "하늘과 땅을 지으신 분" 즉 하나님의 아들로 불리는 신적인 말씀이 "동정녀에게서 육신을 입으셨다"(*Hom.* 104)고 주장한다. 그리고 그는 계산된 언어를 사용하여 예수에 대한 두 가지의 주장 즉 그를 "처음과 끝"으로 말하는 것과 동시에 그를 평범한 한 인간으로 말하는 것이 모두 사실임을 강조한다.

리용의 이레니우스(Irenaeus of Lyon)

똑같은 주제가 이레니우스의 글에서 더욱 정교한 방식으로 다루어진다. 그는 소아시아에서 140년 경에 태어난 후 고올(Gaul)의 남부 지역으로 이주해갔다. 그곳에서 그는 기독교 공동체의 중요한 인물이 되었는데 리용 교회의 장로로서 그 곳 순교자들의 메시지를 로마의 감독인 엘루테리우스(Eleutherius)에게 전달했다. 그는 일을 마치고 돌아오는 길에 그곳 지역의 반감으로 인한 폭동으로 포티누스(Pothinus)가 순교를 당하자 그의 뒤를 이어 리용의 감독으로 선출되었다. 그는 감독으로 있으면서 그의 대표작으로 간주되는 『거짓 "지식"의 탐색과 반박』(*A Detection and Refutation of the Falsely Named Knowledge*)이란 글을 썼다(이 작품은 전통적으로 간단히 『이단 반박문』이라 한다). 이 길고 복잡한 책은 다섯 권으로 이루어져 있는데 마르시온과 그 외에 이레니우스가 "영지주의자"로 무더기로 이름붙인 사람들에 대한 직접적인 공격이다. 이 작품의 저작 시기에 대해서 우리는 단지 그것이 180년 이후에 쓰였다고만 말할 수 있다. 이 작품이 쓰여진 때와 거의 동시에 원어인 그리스어에서 라틴어로 즉각 번역이 이루어진 사실에서 증명되듯 이 작품은 당대에 대단한 영향력이 있었다. 그리스어 원본은 단편들로만 보존되어 있기 때문에 오늘날 알려져 있는 것은 라틴어 판이다.

이레니우스는 마르시온과 영지주의자들의 근본적인 문제점을 창조주의 참 신성을 부인하는 데서 찾았다. 이레니우스에게 있어서 "두 하나님"이 있다는 주장과 궁극적인 성부인 참 하나님은 이 물질적 시간적 세계와는 무관하다는 주장은 마르시온과 영지주의자들의 전형적이고도 결정적인 가르침이다. 그러나 그는 이런 이론에서 발견되는 이원론이 다른 형태로도 발전한다는 점을 인식하고 있다. 예를 들어 이스라엘의 역사와 기독교 시대간의 연속성을 부인하는 것 그리고 하늘의 그리스도와 땅의 그리스도의 두 그리스도를 주장하면서 하늘의 그리스도는 육체적 물질적 몸을 가지고 있는 것처럼 보인 것일 뿐이라고 말하는 기독론이 바로 그것이다.

이런 이원론에 직면하여 이레니우스는 본질적으로 창조주와 근원적 하나님이 같다는 주장 뿐만 아니라 하나님 자신이 피조 세계 물질세계와 밀접히 연관되어 있다는 주장으로 대응한다. 이 두 가지 주장은 그의 기독론에서 다음의 세 가지 모습으로 전개된다.

우선 하나님의 아들이신 말씀의 정체와 사역에 대한 그의 고유한 이해 방식을 살펴보자. 이레니우스는 순교자 저스틴의 가르침을 의식적으로 계승한 사람이지만 그의 중계적 로고스의 이론에 대해서는 불편한 관계를 가지고 있다. 그의 이론이 신의 세계에 다중성을 도입하는 것처럼 보이기 때문이기도 했고 동시에 하나님을 세계로부터 분리하는 것처럼 보이기 때문이었다. 이레니우스는 하나님이 이 세상에 직접적으로 "손을 대고 있다"는 점을 주장하기를 좋아했고 그래서 로고스에 대해 이야기를 할 때 종종 그를 "하나님의 손"으로 묘사했다. 하나님은 그런 방법을 통해 이 세상에 현존하신다는 것이다. 그래서 이레니우스의 기독론에서는 소위 그리스도의 완전한 신성이 강조되고 있고 신적인 아들의 중계자로서의 역할은 그가 원래 "중계"의 존재 방식을 가지고 있기 때문이라기보다는 그가 인간의 존재 방식을 취하셨기 때문이라는 것이다. 성육신 자체가 중계였다.

그러나 이레니우스에게 있어서 하나님은 성육신의 방법을 통해서만 말씀/로고스 안에 현존하시는 것이 아니다. 그 반대로 구약성서가 말하는 바에 의하면 아담과 이브의 창조로부터 시작된 인류의 역사는 하나님께서 일련의 "섭리"를 통해 자신의 목적을 이루어나가시는 이야기이다. 하나님은 이 섭리를 통해 인류를 하나님 자신에 대한 지식으로 이끄시고 인류는 그 지식을 습득함으로써 새로운 삶으로 변화되는 것이다. 말씀과 성령을 통해 하나님은 스스로 땅으로부터 지으신 피조물들을 당신의 존재 방식에 참여하도록 이끄시고 그들이 하나님의 임재 가운데서 하나님과 "함께" 살도록 이끄신다. 그래서 이레니우스에게 있어서 성육신은 하나님이 지금까지 항상 사람들을 위해 해오시던 것을 "요약"하고 "되풀이"하는 것이다. 같은 근거에서 성육신은 아니 그리스도 자신은 인간이 하나님 앞에서 하는 모든 것을 요약하고 되풀이 한다. 성육신은 인간 존재의 처음과 마지막이 한 인간적 삶에 즉 하나님의 로고스의 인간적 삶에 집중되는 장소이다.

따라서 이레니우스에게 있어서 성육신은 사실이다. 그것이 하나님과 인간의 연합을 의미하고 인류 역사와 하나님의 연합을 의미하기 때문이다. 로고스 하나님이 그리스도 안에서 아담의 존재 즉 육과 물질의 존재를 취하신 것이다. 이것이 이 책에 번역된 『이단 반박문』 중의 기독론 부분에서 가장 두드러진 주제이다. 영지주의의 가르침에서 발견되는 "이중의" 그리스도는 배척되고 신과 피조물의 연합을 의미하는 한 그리스도가 채택된다. 이 중계자는 아담의 최초의 불순종을 역전시킴으로써 계속 인류를 죄와 파멸로 이끌어 가는 사탄의 세력을 무너뜨리는 것이다. 이런 식으로 그 중계자는 구속의 과정인 성령의 역사를 통해 인류의 변화를 위한 발판을 마련한 것이다.

카르타고의 터툴리안(Tertullian of Carthage)

이레니우스가 그의 『이단 반박문』에서 다루었던 문제들은 여전히 다음 세대에서도 문제가 되고 있다. 이것은 터툴리안의 두 논문 『프락세아스 반박문』과 『그리스도의 육신에 대하여』에서 명백히 드러난다. 터툴리안은 이레니우스와는 전혀 다른 지중해 지역의 출신이다. 그는 라틴어를 말하는 북아프리카 사람으로서 수사학과 법학 교육을 받았다. 그의 출생지는 카르타고이고 그곳에서 그는 기독교 작가로서의 완숙한 생을 보냈다. 그의 카르타고에서의 활동 시기는 195년경에 시작하여 그의 사망년도인 220년에 이른다. 그의 주된 관심은 적대적이고 죽어가는 세상 가운데서 하나님의 법과 가르침을 순종함으로 교회가 정결하게 되도록 하는 데 있었다. 그래서 그는 도덕 문제와 교리 문제에 대해 계속 글을 썼다. 그러나 그것들에 대한 지나친 관심 때문에 그는 결국 공교회를 떠나서 기독교인의 생활에 대한 자기의 이상에 맞는 몬타누스주의 운동에 가담하였다.

위의 이레니우스에 대한 부분에서 논의한 바 있는 두 가지 문제 즉 저스틴의 로고스 신학에 의해 발생한 문제들과 마르시온과 영지주의의 이원론에 의해 발생한 문제들이 이번에도 터툴리안으로 하여금 기독론에 대하여 글을 쓰게 만들었다.

터툴리안은 마르시온과 영지주의의 이원론을 염두에 두고서『그리스도의 육신에 대하여』와 그와 비슷한 종류의『육신의 부활에 대하여』를 썼다. 그의 대적자들은 구원이 몸과 혼과 영의 전 인격을 포함한다는 사실을 부인하였고 그러다 보니 신적인 아들이 참 육신과 어떤 관계를 가져야 할 필요성을 전혀 느끼지 못했다. 그래서 터툴리안이 제기하는 근본적인 물음은 "'부활'이란 단어가 상징하는 구원이 인간 본성의 비물질적 부분 뿐만 아니라 물질적 부분도 포함하느냐?"였다. 그는 이 문제를 다루면서 단순히 그의 적대자들이 성육신을 사실상 가짜로 만들어 버렸다고 공격하지 않는다. 그는 근본적인 문제가 물질 세계의 가치와 그것의 구속 가능성에 있다는 점을 인식하고 있었다. 그래서 그는 마르시온에 대항하여 가장 강력한 논법을 전개하여 육신은 가장 약하고 추할 때에도 여전히 하나님의 사랑의 대상이라는 사실을 강조하였다. 터툴리안에게 있어서 그 사실은 마르시온이 육신에 대해 가지는 혐오보다(자신이 육신에 대해 가지는 혐오는 말할 것도 없고) 더 중요한 것이었다.

이런 이원론의 거부는 그가 그리스어권 신학자들에게서 배운 로고스 교리에 대한 변호와 궤를 같이 한다.『프락세아스 반박문』에서의 장황스런 변호는 신성의 절대적 단일성을 주장하는 사람들을 향해 몬타누스주의자 터툴리안이 한 변호였다. 그의 반대자들은 로고스 교리가 신의 본성에 명백한 분리와 다중성을 도입했다고 주장하였다. 이 "군주론자들"은 성육신의 교리는 받아들이지만 신성의 단일성만을 고수하기 때문에 그리스도 안에 성육신하신 분은 다름 아닌 "하나님 자신"이었다고 주장할 수밖에 없었다. 이때 터툴리안은 그런 논법에 경악을 하며 그들이 창조자를 고난과 죽음의 지배를 받는 존재로 만들었다고 공격하였다. 그의 입장은 이렇다. 신은 절대적으로 본성이 하나이기 때문에 "영"으로 이루어져 있지만 그 존재가 조직화되고 표면화되는 의미에서는 셋이다. 그래서 터툴리안은 한 샘과 그곳에서 흘러나오는 물줄기의 이미지 또는 하나의 빛과 그곳에서 나오는 광채의 이미지를 이용하여 성부와 성자의 신성을 구분한다. 그는 성자-말씀이 세계의 창조와 질서를 위해 하나님에게서 나왔고 옛 언약의 시대에는 하나님의 계시자였고 마침내는 인류의 구원을 위해 나사렛 예수로 성육신하였다고 믿는다.

『프락세아스 반박문』의 중요성은 그곳에서 터툴리안이 후대의 사상에 영향을 미치게 될 기독론적 어휘를 만들어냈다는 것 뿐만 아니라 성육신 하신 로고스의 인격을 어떻게 설명해야 하는지에 대한 문제를 제기한 최초의 기독교 사상가였다는 데 있다. 터툴리안은 그의 반박문 27장에서 성부와 성자의 구분에 대한 군주론적 설명으로 관심을 돌린다. 그의 대적자들은 "아들"은 예수의 인성 즉 그의 육신을 의미하고 "아버지"는 그의 신성을 의미한다고 주장했다. 이런 주장은 터툴리안을 몹시 괴롭혔는데 그 이유는 그도 비록 신성 안에서 로고스와 성부를 구분해야 한다고 주장하지만 성육신 하신 로고스인 예수 그리스도가 분리된 두 가지의 것 즉 두 인격이라고는 믿지 않았기 때문이었다. 그래서 그는 예수 그리스도는 한 "인격"이라고 주장한다. 물론 그도 그리스도의 이중성을 인정한다. 예수는 인간적 존재 방식을 지칭하는 육과 신적 존재 방식을 지칭하는 영의 두 "본질"로 이루어져 있다. 터툴리안은 이 두 성질이 서로 혼합되어 있지만 서로에게 영향을 미쳐서 어느 쪽이든지 변하는 일은 없다고 믿는다. 그 두 본질은 한 인격 안에서 항상 변함이 없이 존재하면서 두 종류의 활동 즉 신적 활동과 인간적 활동의 기초를 제공한다.

알렉산드리아의 오리겐(Origen of Alexandria)

우리는 터툴리안의 나이 어린 동시대의 인물인 오리겐을 통해 그리스 기독교의 세계로 한 걸음 깊이 들어간다. 판테누스와 알렉산드리아의 클레멘트의 뒤를 이어 이집트 알렉산드리아의 교리문답 학교의 교장으로 있던 오리겐은 감독과의 불화로 인해 고향에서 쫓겨나 팔레스타인 가이사랴에서 그의 말년을 보냈다. 오리겐은 연구와 성서 해석에 자신의 생애를 바쳤고 이를 통해 사람들을 하나님의 존재와 활동의 신비 속으로 들어가도록 인도하는 동시에 그들에게 하나님을 아는 지식 안에서 지혜-로고스를 통한 자아 실현의 길을 보여 주었다. 오리겐은 그리스 철학의 전통에 통달해 있었다(철학사에서 볼 때 그는 중기 플라톤주의와 신플라톤주의의 경계에 위치해 있다). 그의 풍부한 지식과 냉철한 비평력은 그를 정교하고 체계적인 기독교 변증가가 되게 하였다. 비록 그가 자기의 선생인 클레멘트와 알렉산드리아의 위대한 유대교 철학자 필로(Philo)에게서 전해 받은 절충적 플라톤주의 안에 언제나 머물러 있었지만 말이다.

젊은 시절의 작품인 『제일 원리』(On First Principles)에서 오리겐은 교회의 가르치는 전통에 따라 우선 그 전통의 기본 요점들을 설명하고 그 다음에는 그 전통이 자신과 현 시대의 사람들에게 제시하는 문제들을 다룬다. 그는 이런 과정을 통해 로고스 교리의 이해를 위한 기초와 예수의 인격과 역할을 설명하기 위한 기초를 제공한다.

오리겐은 선배들과는 달리 하나님이 자기의 지혜, 또는 로고스를 영원히 낳는다고 믿었고 그래서 로고스가 존재하지 않았던 때가 없었다고 믿었다(De Prin. 1. 2. 9). 이 신적인 지혜는 하나님의 존재의 완전한 표현이다. 그러나 지혜는 하나님 자신이 아니라 그의 형상이다. 그는 "둘째 하나님"이고 만물의 궁극적인 아버지에게 종속된다.

　로고스는 하나님과 창조 세계 사이의 중계자이고 특히 창조 행위 자체에 있어서 그러하다. 하나님은 이 로고스를 통해서 이성적 존재들의 세계를 만드셨는데 그 세계 안에 있는 모든 존재들은 지혜를 통해 하나님에 대한 열정적인 명상에 몰두한다. 그러나 이 지성들은 유한하고 가변적이고 자유를 가지고 있기 때문에 하나님으로부터 멀어진다. 즉, 그들은 단일성에서 다중성으로 영원에서 시간으로 비물질적인 것에서 물질적인 것으로 떨어져 나가게 된다. 그래서 하나님은 그들을 위해 두번째로 가장 좋은 세계 정돈된 물질 세계를 창조하신다. 하나님의 지혜를 통해 조화롭게 질서지워진 이 가시적인 세계는 그들의 구속을 위한 장이 된다. 즉 그들은 장기간에 걸친 교육을 통해 하나님에 대한 지식으로 이르고 그들의 존재는 그 지식을 통해서만 완성되는 것이다. 그러나 이런 일이 일어나기 위해서는 지혜-중계자와 타락한 영들과의 중계가 있어야 하는데 성육신이 바로 그 중계의 장소라는 것이다.

　이 중계 과정의 첫 단계는 하나님으로부터 유일하게 멀어지지 않은 이성적 영인 예수의 혼과 로고스와의 연합을 통해 이루어진다. 여기서 오리겐이 말하고 있는 연합은 명상적 사랑의 형태를 취한다. 타락하지 않은 예수의 혼은 지혜에 대한 아주 강렬한 사랑으로 인해 하나님의 영원한 형상 안에 언제나 머물러 있게 되고 그럼으로써 지혜의 표현 또는 중계자가 된다. 오리겐은 이 연합의 종류를 설명하기 위해 불 속에 있는 쇠의 경우를 예를 들어 두 본질의 혼합에 관한 전통적인 철학적 설명을 시도한다. 쇠가 불의 모든 속성을 얻게 되는 것과 같이 쇠는 계속 쇠이면서 자체 속으로 불이 들어오게 될 때 그 불에 의해 자기가 변형되는 것처럼 예수의 혼은 신적인 지혜나 로고스에 완전히 동화되어서 그 지혜를 알리고 전달할 수 있게 된 것이다.

　중계의 두번째 단계는 로고스에 연합된 이 혼이 인간적 출생을 통해 몸을 입는 것이다. 오리겐에게 있어서는 몸조차도 하나님의 지혜와의 연합의 위치로 승격된다. 예를 들어 복음서가 증언하듯이 몸은 변형될 수 있고 하나님의 영광을 그대로 비칠 수 있다. 그러나 그것은 여전히 몸이고 계속 몸으로 남아 있다. 감각의 지배를 받고 있는 지성들은 몸을 통해 로고스를 접할 수 있고 동시에 그들은 이 몸으로부터 지적인 상승을 시작하여 마침내는 몸의 단계를 넘어 로고스의 본질 자체에까지 올라갈 수 있다.

이런 구도에는 많은 흥미로운 점들이 있다. 후대의 발전의 견지에서 볼 때 한 가지 두드러진 것은 저스틴의 경우와 마찬가지로 오리겐도 하나님과 영적, 가시적 세계 사이의 중계의 필요성을 느낀다는 점이다. 그래서 그의 우주는 위계구조적이고 신의 세계는 직접 물질과 섞일 수 없다. 로고스가 하나님과 혼 사이를 중계하듯이 혼은 하나님의 아들과 몸 사이를 중계한다. 적어도 표면적으로 볼 때 오리겐은 이 이중 중계의 필요성 때문에 그리스도의 인격에 대한 자신의 독특한 이해 방식을 산출해 낸 것 같다. 혼이 몸 안에 산다는 의미에서 예수는 한 인간이다. 그러나 그는 원래의 신적인 지성-지혜에 완전히 연합한 지성이시다.

후 기의 논 제들

오리겐의 그리스도 이해는 그의 플라톤주의적 세계관과 로고스의 위상과 성격에 대한 그의 견해에 꼭 들어맞는다. 교부 시대의 기독론의 다음 발전단계는 아리우스 논쟁에 의해 촉발되는데 그 논쟁에서는 바로 이 문제 즉 로고스의 위상과 성격에 대한 문제가 그

중심이었다. 우리가 이미 살펴본 바 대로 이 문제는 저스틴이 로고스 교리를 설명할 때 암시적으로 제기한 문제였고 이레니우스에게서도 약간 어려운 과제였다. 그러다가 그것은 아리우스와 그의 추종자들의 가르침에서 주요 주제로 부각되었다.

아리우스주의자들과 아타나시우스

로고스 또는 하나님의 지혜가 신적이라는 데는 누구나 동의하고 있었다. 그러나 그 "신적"이라는 용어가 정확히 무엇을 의미하는지는 확실하지 않았다. 예를 들어 그 용어는 정도의 차이를 포함하는 어떤 성질을 가리키는 것일 수 있었다. 그런 식의 이해 방법에 의하면 로고스는 신적이지만 성부가 하나님이신 만큼의 그 정도의 하나님은 아니라고 말하는 것이 전혀 비논리적인 것이 아니었다. 이런 이해가 저스틴의 가르침에서는 암시적으로 들어 있는 것 같고 오리겐에게서는 명확하게 표현되어 있다. 그러나 우리는 그런 견해가 품고 있는 위계구조적 세계관이 물질 세계와 "섞일" 수 없는 하나님을 가르치는 것을 보았다. 또 그런 세계관은 저스틴 자신이 확립한 교리 즉 신의 속성들은 오로지 한 분 하나님 자신에게만 속한다는 교리를 의문시하게 만든다.

알렉산드리아의 장로 아리우스는 318년 이후의 대중 설교를 통해 4세기의 삼위일체론 논쟁과 기독론 논쟁을 불러일으켰다. 그는 하나님의 단일성은 물론 하나님의 존재 방식과 창조세계의 존재 방식을 엄격히 구분하는 신적 초월의 교리를 굳게 믿는 사람이었다. 그래서 논리적으로 볼 때 그의 로고스 교리는 다음의 두 가지 신념을 표현하고 있었다. 첫째로 로고스는 정확한 의미에서 하나님이 될 수 없다. 둘째로 로고스는 하나님이 세상과 관계를 가질 때 근본적으로 중계의 역할을 한다. 따라서 아리우스는 로고스는 피조 세계에 속하지만 모든 피조물을 능가하는 대단히 높은 위치에 있다고 가르쳤다. 하나님이 자신의 창조 행위의 대리인으로 활동하도록 그를 "만세 전"에 창조하셨기 때문이었다. 니케아 회의(325년)가 그 유명한 신조를 통해 배척했던 교리가 바로 그런 교리였다. 니케아 신조는 로고스는 피조물이 아니고 하나님 자신으로부터 영원히 출생하였고 그리고 그 때문에 성부가 신적인 만큼 똑같이 신적이라고 (동일본질, *homoousios tōi theōi*) 공포하였다.

물론 이런 것들은 엄격한 의미에서의 기독론적 진술들로 보이지는 않는다. 적어도 형태상으로는 그것들은 성육신에 대한 것이 아니라 하나님의 존재와 본성에 관한 것이다. 그러나 그것들은 이미 기독론에 대한 함축적 의미들을 포함하고 있다. 그리고 우리는 그 점을 아리우스 논쟁과 관련이 없는 성육신에 대한 글을 읽을 때 알게 된다.

알렉산드리아의 감독 아타나시우스는 자신의 유명한 『하나님의 로고스의 성육신에 대하여』(*On the Incarnation of the Logos of God*)에서 성육신에 대한 이유를 답하려고 노력하였다. 기본적으로 그의 대답은 이렇다. 로고스는 하나님이 인류에게서 의도하셨던 원래의 상태로 인류를 회복시키기 위해 인간의 몸을 취하셨다. 혼과 몸으로 이루어진 인간은 창조주와의 교제를 통해 그의 삶의 특성들을 함께 누리도록 창조되었다. 인간은 창조주에 대한 지식을 통해 피조물의 수준에서 창조주의 존재 방식으로 동화되도록 창조되었다. 그러나 인간은 죄로 인해 하나님의 지식으로부터 돌아서 버렸고 결국 두 가지 일이 일어났다. 그들의 몸은 물질적 죽음을 면할 수 없게 되었고 그들의 혼은 하나님의 존재의 반사체/형상으로서의 위치를 상실함으로써 그에 상응하는 영적인 죽음을 당하게 되었다.

그래서 회복이란 죽음의 빚을 청산하고 하나님의 참 반사체와 형상으로서의 위치를 되찾는 것이다. 로고스는 이것을 두 가지 방법으로 성취하신다. 첫째, 그는 십자가에 죽으심으로써 인간을 육체적 죽음으로 옭아 매는 빚을 청산하신다. 둘째로 그는 인간 가운데서 현존하심을 통해 그들이 신적인 삶을 공유하도록 도우신다. 아타나시우스는 그런 공유에는 두 가지 측면이 있다고 생각한다. 그 공유는 물론 육체적 본성을 가진 인간들에게 영생과 썩지 않음을 의미한다. 그러나 무엇보다도 그것은 분명하고도 완전한 하나님의 형상인 로고스 안에서 인간이 참 자아, 즉 진정한 영적 정체성을 재발견함을 의미한다.

성육신에 대한 이런 논조의 설명은 그리스도의 인격을 이해하는 데 있어서 이런 즉각적 의미를 지닌다. 즉, 인간은 하나님에게서 자신을 발견한다. 그들의 참 자아는 하나님에의 동화와 신적 존재방식의 공유에 있다. 따라서 아타나시우스에게 있어서 구속은 하나님이 사람 가운데 적극적으로 임재하시는 것을 통해서만 가능하다. 성육신은 참으로 완전히 하나님이신 분의 성육신이어야 한다. 그래서 아타나시우스는 불가피하게 아리우스의 가르침을 신론적인 근거에서 뿐만 아니라 기독론적 근거에서 거부하였다. 만일 로고스가 신과 인간 "사이"의 존재라면 구속은 절대 불가능한 것이다. 로고스가 세상 가운데 인격적으로 임재하시고 활동하시는 하나님의 존재방식일 때에만 비로소 구속은 가능한 것이다.

이 가르침에는 초기 로고스 신학 전체에 대한 암묵적 비판이 들어 있다. 아타나시우스는 이레니우스와 마찬가지로 그리스도 안에 하나님과 인류의 실제적이고도 직접적인 연합이 있어야 한다고 생각한다. 그러나 이 점을 강조하다가 아타나시우스는 다른 한 가지 문제를 만들어 냈다. 아리우스주의자들은 만일 로고스가 참으로 하나님이라면 예수에 대한 복음서의 증언은 로고스에게 적용될 수 없는 것이라고 주장하였다. 예를 들어 복음서에는 예수가 배고픔 슬픔과 증오와 같은 감정을 느끼고 무지를 드러내는 질문들을 하고 죽었다고 기록되어 있다. 이런 특징들이 로고스가 하나님이라는 가정에 실제로 부합하는가? 그런 것들은 도리어 그가 피조물이라는 사실을 드러내는 것이 아닌가?

이런 질문들은 두 가지 중요한 가정을 전제로 하고 있다. 첫째는 예수라는 인격에 있어서 로고스가 유일한 실제 주체라는 것이다. 예수가 말하고 행동하고 당하는 모든 것들은 로고스로부터 유래하고 로고스에 영향을 미친다. 로고스가 예수의 "자아"이기 때문이다. 그래서 아리우스주의자들의 질문들은 오리겐의 견해와는 아주 다른 기독론을 가진다. 그들은 성육신하신 로고스를 육신을 입은 혼에 비유하여 이해한다. 즉, 예수는 단지 신적인 로고스와 몸으로 이루어져 있고 그에게는 인간의 혼이 없다는 것이다. 둘째는 하나님의 존재 방식과 인간의 존재 방식 사이에는 근본적인 차이가 있다는 것이다. 그 둘은 서로 다를 뿐만 아니라 이론적으로 도저히 화해시킬 수 없다. 하나님이 어떤 종류든 물질적 조건에 영향을 받는다거나 인간적 감정 또는 무지를 지니고 있다고는 상상할 수 없다. 이것은 우리가 이미 아리우스주의 신학에서 보았던 것과 일치한다. 그러나 이번 경우는 순전히 기독론적인 맥락에서 논의가 진행된다.

본서에 부분적으로 번역이 이루어진 『아리우스주의자들에 대한 반론』의 제3권에서 아타나시우스는 알렉산드리아의 감독으로서 그리고 반 아리우스 세력의 지도자로서 "로고스가 육신이 되셨다"는 의미에 대한 아리우스주의자들의 질문에 답하고 있다. 우리가 아는 바로는 이 길고 세심한 작품은 아타나시우스가 이집트의 사막에서 세번째 유배시절을 보내는 동안 즉 358년에서 362년 사이에 쓰여졌다. 그는 로고스 자체와 육체 또는 몸을 지닌 로고스를 구분함으로써 아리우스주의자들의 기독론적 공격에 대응한다. 눈물, 배고픔, 무지와 같은 종류의 것들은 로고스 자체에 속하지 않고 그의 성육신의 상태에 속한다. 그것들은 로고스의 고유한 육에 속한다. 그래서 그것들이 단지 간접적으로만 로고스에 속한다고 말할 수 있는 것이다.

아타나시우스에 대한 위의 간단한 검토를 통해 볼 때 그가 아리우스주의자들의 로고스론은 거부하지만 인간 예수의 구성에 대해서는 같은 의견을 지니고 있음이 명백하다. 그는 온전한 인간 안에 로고스가 내주하는 것으로 성육신을 이해하는 것은 잘못이라고 명백히 주장한다. 그는 그런 이해가 성육신을 단순한 영감으로 만들어 버리는 것이라고 말한다. 아니다. 성육신 사건을 통해 일어난 일은 로고스가 "육" 또는 "몸" 아니면 소위 "인간적 조건"을 자기의 것으로 취하시고 예수의 주체 또는 자아가 되신 것이다. 따라서 아타나시우스가 예수에게서 인간적 자아 의식인 인간의 혼을 언급하지 않는 것은 당연한 것이다. 그는 아리우스주의자들과 마찬가지로 예수를 로고스+몸(혹은 육)으로 생각한다. 그러나 공개적으로 어디에서도 예수가 인간의 혼을 지녔다는 것을 부인하지는 않았다.

그 결과 아타나시우스가 예수의 무지의 문제를 다루어야 할 때는 확실히 갈팡질팡하는 것 같다. 예를 들어 일반적으로 무지는 육체적 고통과 배고픔의 경우와는 달리 인간의 육체적 측면에 귀속되지는 않았다. 그래서 아타나시우스는 로고스가 "성육신 때문에" 자신을 제한하시고 일부러 자신의 전지를 드러내 보이지 않으셨다고 제안하는 것으로 예수의 무지를 설명해야 했다. 즉 그는 "인간인 것처럼" 행동했다는 것이다. 그러나 이런 설명은 적어도 현대의 독자들에게는 예수의 인성의 완전성에 대한 의문을 불러일으킨다. 분명히 아타나시우스는 일반적 의미에서의 가현론자는 아니었다. 그는 로고스가 취한 육신의 실재에 대해서 전혀 의심하지 않았다. 그러나 그의 입장은 여전히 예수를 완전한 인간 이하로 암시하고 있다.

라오디게아의 아폴리나리스(Apollinaris of Laodicea)

아타나시우스의 논증에 대해 이야기할 때 우리는 그가 그런 것을 단지 "암시"만 했다는 점을 강조해야 한다. 그는 예수가 인간의 식의 중추를 가지고 있었는지에 대해 문제를 제기하지도 않았고 그래서 그것에 대해 분명히 대답하지도 않았다. 그런 질문을 하고 예수에 대한 "로고스-육"의 모형에 따라 "그렇지 않다"고 대답한 사람은 아타나시우스의 친구요 아리우스주의의 강경 대적자인 라오디게아의 아폴리나리스였다. 그는 장기간의 활동을 통해 경건한 수도자와 해박한 성서 해석가로서 명성을 얻은 4세기의 인물이었다. 그는 안디옥에서 가르쳤고 로고스가 특별한 방법으로 한 인간 안에 내주하는 것으로 성육신을 생각하는 몇몇 사람들의 기독론을 반대하였다. 이런 기독론에 대한 대응으로 아폴리나리스는 그리스도의 인격의 단일성을 "성육신하신 신적인 로고스의 한 본성"(*one incarnate nature of the divine Logos*)으로 강조하는 기독론을 전개하였다.

아폴리나리스는 결국 이단으로 정죄되었기 때문에 그의 글은 공개적으로 읽혀지지 않았다. 많은 부분이 그의 반대파 사람들 즉 닛사의 그레고리같은 동시대인들이나 싸이러스의 테오도렛(Theodoret of Cyrrhus)과 비잔티움의 레온티우스(Leontius of Byzantium) 등의 후대 작가들의 인용을 통해 알려져오고 있다. 여기에 번역된 단편들이 바로 그런 작가들에게서 나온 것들이다. 그러나 아폴리나리스의 몇몇 작품들은 그의 추종자들에 의해 보존되었는데 그들은 가명을 사용하여 그것들을 후대에 전달하였다. 그래서 그의 『그리스도 안에서의 몸과 신성의 연합에 대하여』(*On the Union in Christ of the Body with the Godhead*)는 한 때 로마의 감독 쥴리우스(Julius)의 "제5서신"이란 이름으로 유통되었다.

아폴리나리스의 기독론에 기본이 되는 것은 바울 서신에서 발견되는 "영육"의 대립이다. 아폴리나리스는 이 대립이 인간 본성에 적용된다고 믿고 있다. 데살로니가전서 5:23에 기록되어 있듯이 "영"과 "육"은 인간을 구성하는 부분들이다. 그것들은 지성이나 이성적 혼과 몸을 지칭하는데 "혼"이란 용어는 "지성"과 "영"에 반대되는 개념으로 사용되며 단지 비이성적/동물적 혼을 지칭하는 것으로 이해된다. 바울의 용어를 이렇게 이해하는 아폴리나리스는 당연히 로고스의 성육신을 이성적 혼이 육신을 입은 인간의 경우와 비슷한 것으로 생각하였다. 신적인 로고스는 자신이 육을 입고 한 인간의 기본 구조를 공유한다는 의미에서 "인간이 되신 것"이다. 그는 육을 입은 지성이 되었다. 그러나 이 지성은 창조된 것이 아니었다. 그것은 창조된 지성의 신적 원본 즉 로고스 자신이었던 것이다.

아폴리나리스는 그런 식으로 예수를 그리는 데는 충분한 근거가 있다고 계속 주장한다. 예수에게 인간적 지성 혹은 이성적 혼이 없다는 교리는 당연한 논리적 귀결이었다. 만일 로고스가 육과 함께 이성적 혼을 "입으셨다"면 그 결과는 충돌이었을 것이다. 로고스가 단순히 인간적 혼을 지배하면서 인간이 인간되게 하는 자유를 그 혼으로부터 파괴하는 경우가 생기거나 아니면 인간적 혼이 독립적인 주도권을 행사하면서 예수를 사실상 "정신분열증 환자"로 만들었을 것이다. 차라리 예수의 "인간적" 지성이 인류 원형의 지성 즉 로고스였다고 말하는 것이 훨씬 더 이해하기 쉬울 것이다. 또한 이런 견해는 성육신의 구속력을 이해하는 데 도움이 될 것이다. 로고스 자신이 육신의 생명 원리가 되기 때문이다. 예수의 몸은 "생명을 주는 영"의 지배를 받고 그 영으로 가득 차게 된다. 그 때문에 그것은 죄와 죽음을 이길 수 있을 뿐만 아니라 자신에 참여하는 모든 사람들에게 신적인 생명을 전달하는 것이다. 그것은 온 인류에게 부활한 삶의 근원이 되고 사람들로 하여금 원래의 창조된 형상에 따라 신적인 삶을 향해 자신을 변형시켜 나가게 한다.

그래서 아폴리나리스는 예수는 하나라고 즉 육과 신적인 지성이 한 생명을 공유하는 "한 복합적인 본성"(one composite nature)이라고 주장한다. 이 연합이 의미하는 바는 몸은 실제로 몸이지만 공정하게 말해서 신적인 몸이고 로고스는 참으로 하나님이지만 공정하게 말해서 인간이라는 것을 의미한다. 그리스도의 인간적 특징들은 로고스에 속하고 신적인 생명이 몸에 부여된다. 후대의 표현을 빌자면 communicatio idiomatum 즉, 속성들의 "교류" 또는 "공유"가 있다. 아폴리나리스는 이 개념을 아주 중시하는데, 그 이유는 그것이 그의 기독론 사상이 강조하고자 하는 진리, 즉 그리스도는 육신을 입으신 신적인 로고스 자신이라는 사실을 표명하는 것이기 때문이다. 물론 그는 여기서 아타나시우스가 이미 강조한 사상을 따르고 있다. 그러나 아타나시우스와는 달리 그는 그의 로고스-육 기독론의 결과를 분명하고도 명시적으로 이끌어내고 있다. 그는 예수의 인간적 생명과 자의식의 중추를 잊거나 무시하는 것이 아니다. 그는 그것을 부정하는 것이다.

몹수에스티아의 테오도르

당연히 이런 기독론은 강한 비판을 불러 일으켰다. 가장 강한 비판은 보통 "안디옥 학파"(the Antiochene school)로 불리는 일단의 사상가들로부터 발생했다. 아폴리나리스의 "한 복합적인 본성"에 대항하여 그들은 그리스도의 "두 본성", 신적인 로고스와 완전한 인간인 나사렛 예수를 주장했다. 이 안디옥 전통은 종종 3세기의 사모사타의 바울(Paul of Samosata)에게로 거슬러 올라간다. 그는 예수가 하나님의 영감을 받고 그의 내주함을 받은 한 인간이라고 가르쳤고 그 때문에 정죄되었다. 어쨌든 분명한 것은 4세기의 안디옥 신학자들은 아타나시우스와 아폴리나리스가 가장 강하게 거부한 "내주"의 모형을 이용하여 성육신의 본질을 이해하였다는 점이다. 교부들의 기독론을 연구하는 현대 학자들은 그것을 "로고스-인간"(Logos-Anthropos)의 모형으로 부른다.

그들이 그렇게 부르는 데는 두 가지 이유가 있는 것으로 보인다. 우선 안디옥 사람들은 대개 아폴리나리스 식의 기독론이 불가피하게 신적인 로고스를 인간 정욕과 쇠약의 주체로 만들어 버렸고 결국 신의 본성에 변화 또는 부패를 도입하였다고 확신하였다. 이와 관련하여 아리우스주의자들의 이론에 대한 그들의 대답은 아타나시우스 식의 대답 즉 로고스가(비록 "육신에서"만) 실제로 배고프고 목마르고 고난당했다는 주장이 아니었다. 그들의 대답은 인간이 고난 당한 것이지 로고스는 절대 고난 당하지 않았다는 것이었다. 결과적으로 그들은 그리스도 안에 두 주체가 있음을 강조하였다. 아폴리나리스가 "한 본체"(one hypostasis), 한 객관적 실체와 "한 본성"을 주장했다면 안디옥 사람들은 그리스도 안에 두 본체와 두 본성이 있다고 주장하였다.

그리스도를 인간적 한계들의 주체로 보기를 거부하는 것이 안디옥 사람들이 "두 본성"의 기독론을 주장하게 된 유일한 동기는 아니었다. 똑같이 중요한 요소가 하나 더 있었다. 아타나시우스와 아폴리나리스는 적어도 한 가지 공통점이 있었다. 그들은 신적인 로고스 자신을 인류의 원형인 인류를 창조할 때 기초로 삼은 하나님의 형상으로 보았다. 따라서 그들은 로고스로의 동화가 인간의 올바른 목표라고 생각했기 때문에 그들에게 중요한 것은 로고스로서의 예수의 모습이었다. 그러나 안디옥 사람들에게 있어서는 관심의 초점이 악과 투쟁하는 인간으로서의 예수에 있었다. 그들은 변함없는 선의 완전한 삶을 향해 전진하는 인간 예수를 자기들과 동일시하였고 그런 예수 안에서 자신들의 목표가 실현되는 것으로 믿었다. 따라서 그들이 예수의 완전한 인성을 강조하는 것은 구원이 인간의 윤리적 행위를 즉 하나님의 선한 법도에의 순응을 가능케 한다는 인식에서 나온 것이다.

이 모든 주제들이 안디옥 학파의 주요 사상가인 몹수에스티아의 테오도르의 기독론적 저술에 등장한다. 그는 대부분의 인생을 안디옥에서 수도자로 생활을 했지만 말년에는 길리기아의 몹수에스티아라는 작은 마을에서 감독으로 있었다. 그는 아타나시우스가 죽은 지 약 50년 후 네스토리우스 논쟁의 발발 직전(428년)에 숨을 거두었다. 그가 제5차 공의회(552년)때 정죄되었기 때문에 그의 교리적 글들은 대부분 단편들로만 남아있다. 그러나 그 단편들은 우리들이 그의 기독론적 입장을 완전히 이해하는 데 충분하리만큼 많이 남아있다.

테오도르의 기독론의 뿌리에는 신적인 "내주"의 사상이 있다. 그러나 그는 이 용어가 성육신의 경우 뿐만 아니라 우리가 보통 "영감"으로 부르는 경우들에도 적용될 수 있다는 것을 잘 알고 있다. 예를 들어 구약의 선지자들 사도들 경건한 남자들과 여자들의 경우가 그렇다. 그래서 그는 성육신이 아주 특별한 종류의 내주이고 그렇기 때문에 예수는 그 어떤 선지자나 사도나 성자가 비교를 할 수 없을 정도로 신적인 아들(로고스)를 진정으로 소유한 한 인간이라고 주장한다. 테오도르는 하나님이 "아들 안에" 거하는 식으로 예수 안에 거하신다고 말한다. 로고스는 예수가 잉태된 순간부터 그와 연합하고 예수가 살아가면서 악과의 계속적인 투쟁을 통해 점점 성숙해지고 완전해짐에 따라 이 연합의 실재는 더욱 더 분명하게 나타난다. 그리고 마침내는 부활사건을 통해 인간과 로고스가 언제나 한 기능적 단일체 즉 하나의 *prosōpon*—불완전한 영어적 표현을 쓰자면 한 "인격"—이었다는 사실이 증명된다. 이렇게 테오도르는 하나님의 은혜의 주도권에 의해 이 인간적 삶이 의지와 행동에서 완전히 로고스와 하나가 된다는 "인격적" 연합(*prosopic union*)을 가르친다.

"하나님의 은혜의 주도권"은 강조될 필요가 있다. 테오도르는 그리스도의 사역을 인간 주도의 결과로 보지 않는다. 즉 인간이 먼저 일을 하고 그 다음에 하나님이 보상하신다는 생각과는 거리가 멀다. 그리스도의 사역은 하나님이 일하시는 것이다. 하나님이 그의 백성들 가운데 능동적으로 임하시는 진정한 경우인 것이다. 테오도르의 가르침의 특징은 그가 성육신에서의 하나님과 인간의 관계를 본질의 측면에서가 아니라 의지의 측면에서 이해하고 있다는 사실이다. 그는 하나님이 자신의 의지의 "성향"에 따라 즉 사람들에게 관심을 가지는 방식에 따라 그들과 함께 하기도 하고 그들을 떠나기도 한다고 생각한다. 그래서 성육신은 인간에 대한 로고스의 은혜로운 자기동일시의 한 경우인 것이다.

물론 이것은 이미 우리가 이야기한 바대로 테오도르와 그의 추종자들에게는 그리스도에게 항상 두 주체가 있다는 것을 의미한다. 그들은 이런 신념을 표현할 때 두 "본체"(객관적 실체) 또는 두 "본성"을 구분없이 언급한다. 그들은 두 본성을 이야기할 때 추상적인 두 본질을 의미하는 것이 아니라 두 가지 다른 종류의 구체적 실체를 의미하는 것이다. 그래서 그들에게 신적인 "본성"은 로고스를 의미하고 인간의 "본성"은 로고스가 취한 사람을 의미한다. 바로 이 이원론 이 "두 본성"의 교리 때문에 안디옥 학파의 "로고스-인간"의 성육신론은 많은 사람들로부터 격심한 공격의 대상이 되었다. 그들은 예수는 로고스 자신이었다고 주장하면서 안디옥 학파를 공격하였다.

시릴(Cyril) 네스토리우스(Nestorius) 유티케스(Eutyches)

테오도르의 기독론을 따르는 사람들과 아타나시우스-아폴리나리스의 전통을 수호하는 사람들 사이의 불화는 5세기 전반기에 표면화되었다. 그것은 콘스탄티노플과 알렉산드리아의 정면충돌의 형태를 띠었고 치열한 신학적 정치적 싸움을 발생시켰다. 그 싸움은 황제 마르시안의 명령으로 소집된 451년의 칼케돈 회의(Council of Chalcedon)로 해결되었는데 그 회의의 "신앙의 정의"는 정통 신앙의 표준이 되었다.

논쟁은 안디옥의 수도자이고 테오도르의 제자인 네스토리우스가 428년에 콘스탄티노플의 감독이 되면서 시작되었다. 그는 성급하고 독단적 사람이라 곧 알렉산드리아의 감독인 시릴과 문제를 일으켰다. 그는 어리석게도 이집트에서 온 수도자들이 시릴에 대항하여 제기한 비난을 그대로 수용하였을 뿐만 아니라 그가 감독의 자리에 오른 첫 해의 끝무렵에 성모 마리아를 *Theotokos*, "하나님의 어머니"로 불러야 한다는 견해를 공격하는 설교를 하였고 마리아를 차라리 *Theodochos*, "하나님의 수용자"로 칭해야 한다고 제안하였다. 이 설교의 저변에는 기독론적인 문제가 있었다. 사실 문제는 인간 어머니가 신적인 로고스를 낳았다고 말하는 것이 올바르냐 틀리냐였다. 즉 로고스가 예수의 인간적 속성들의 궁극적 주체이냐 아니냐였다. 네스토리우스의 대답은 물론 "아니다"였다. 그에 의하면 고난당하다 죽고 부활한 분이 인간 예수인 것과 마찬가지로 엄밀한 의미에서 볼 때 마리아에게서 출생한 분도 인간 예수였다. 그래서 네스토리우스의 설교는 알렉산드리아 전통의 기독론에 대한 공개적 비판이었다. 그는 예수는 로고스에 의해 은밀하게 그리고 완전하게 내주함을 받은 한 인간이라고 가르쳤다.

알렉산드리아의 시릴은 이에 즉각 대응하였다. 그는 네스토리우스에게 편지를 써서 생각을 바꾸기를 권고했다. 그는 교황 셀레스틴(Celestine)에게 네스토리우스를 고발하고 로마 교회의 지지를 받았다. 그는 이집트의 수도사들에게 황제의 친지들에게 네스토리우스에게 수많은 편지를 쓰면서 자신이 옳다고 생각하는 교리 즉 예수 그리스도는 "성육신하신 신적인 로고스의 한 본성"(one incarnate nature of the divine Logos)임을 역설하였다.

시릴은 이 구절을 아타나시우스의 것으로 잘못 알려진 한 작품에서 발견하였는데 실제로는 라오디게아의 아폴리나리스가 쓴 것이었다. 그러나 시릴은 아폴리나리스주의자는 아니었다. 그가 네스토리우스 논쟁의 때로부터 쓴 글을 살펴보면 그는 예수의 완전한 인성을 즉 예수는 육 뿐만 아니라 혼도 가지고 있다는 것을 확신하였다. 시릴이 이 아폴리나리스의 구절에서 발견한 것은 그가 니케아 신조에 명시되어 있다고 믿고 있는 견해의 재천명이었다. 그 신조는 신적인 아들인 로고스가 태어나시고 고난당하시고 죽으시고 죽은 자들 가운데서 다시 살아 나셨다고 명시하였다. 시릴이 이해하는 바에 의하면 예수는 로고스이시다. 그러나 이 로고스는 인간의 존재 방식의 조건하에 존재하는 "성육신"의 로고스이시다. 시릴은 이점을 강조하기 위해 "로고스가 육이 되셨다"는 요한복음 1:14의 말씀 뿐만 아니라 빌립보서 2:5-11의 말씀을 자세히 다룬다. 로고스는 "자신을 비우시고" 인간 존재의 "모습"을 취하셨던 것이다. 이것은 신적인 아들이 변화를 겪고 그래서 하나님이 되기를 멈추셨다는 것을 의미하는 것이 아니다(네스토리우스는 시릴이 그런 의미로 그 구절을 사용했다고 주장했다). 그 반대로 그것은 로고스가 계속 하나님이시면서 인간의 생명을 취하시고 그것의 주체가 되셨다는 것을 의미하는 것이었다.

　이런 입장을 시릴은 "본체의 연합"(hypostatic union, union in hypostasis)이란 정식으로 요약하였다. 반면에 네스토리우스는 그 구절이 일종의 두 물질의 물리적 화학적 결합을 의미하는 것이고 따라서 그런 결합이 그리스도의 신성이 변질되는 "혼합" 또는 "혼동"을 의미한다고 생각했다. 더구나 네스토리우스는 시릴이 "한 본성"과 "한 본체"(hypostasis)를 동일한 의미로 사용한다는 사실에 더욱 자극받았다. 시릴이 그리스도의 인성이나 신성 중 어느 하나의 완전성을 부인하는 것처럼 보였기 때문이었다. 그러나 사실 시릴은 용어상의 약간의 혼동에도 불구하고 전혀 그런 것을 의미하지는 않았던 것 같다. 그에게 있어서 "한 본체"와 "한 본성"은 인성이 로고스에 너무나 친밀히 속해 있기 때문에 실제로 예수 안에 한 주체 또는 한 실존적 실체가 있다는 사실을 의미하는 용어들이었다. 그 한 본체와 한 본성은 완전한 인간 실존을 자기 것으로 삼은 로고스 자신이었다. 그것은 아폴리나리스가 가르친 "혼합된 본성"(composite nature)이 아니었다.

　네스토리우스의 기독론적 이원론과 시릴의 기독론적 일원론 사이의 논란은 431년의 에베소 회의(the Council of Ephesus)에서 절정에 다다랐는데 양측의 지지자들은 따로 모여서 상대측을 파문시켜 버렸다. 그러나 왕실은 마침내 시릴이 주도한 회의를 합법적인 회의로 인정하였고 네스토리우스의 "두 아들"의 교리를 이단으로 정죄하면서 그를 유배시켰다. 네스토리우스는 자신의 기독론을 계속 진행시켜서 그것을 책으로 만들었는데 이 책이 19세기 말이 되어서야 발견된 『다마스커스의 헤라클레이데스의 책』(*The Book of Heracleides of Damascus*)이다. 이 긴 작품은 그의 입장을 보다 전문적이고 세심하게 발전시켰지만 당시의 논쟁에서는 전혀 영향을 미치지 못했다.

시릴은 네스토리우스의 지지자들 즉 안디옥의 감독과 로마제국의 동방에 사는 그 밖의 다른 감독들과 평화를 회복하게 되어서 기쁘다는 입장을 취했다. 이 평화는 소위 433년의 『재결합 조약』(*Formula of Reunion*)에 의거한 것으로 시릴은 화해를 확고히 하는 의미에서 그것을 안디옥의 요한에게 보내는 편지에 인용하였다. 이 문서에서 안디옥 사람들은 성모 마리아를 "하나님의 어머니"(*theotokos*)로 부르는 것이 적절하다는 데 동의하였다. 그러나 시릴은 "두 본성"이란 표현의 사용에 동의하였고 예수는 육신이 되신로고스라는 교리가 천명된다는 조건하에 그리스도의 인성에 고유한 속성들과 그의 신성에 고유한 속성들을 서로 구분하는 데 동의하였다. 시릴은 이런 양보 때문에 그의 열성 지지자들의 일부의 반감을 샀지만 그는 444년 죽을 때까지 그의 우세를 유지했다.

이 논쟁은 유티케스(Eutyches)라는 한 수도자의 정죄를 계기로 448년 콘스탄티노플에서 재연되었는데 그는 그리스도가 "연합 이후에 한 본성"(one nature after the union)만을 가지고 있다고 가르쳤다. 그 유명한 노인 수도원장인 유티케스는 알렉산드리아 전통에 충실한 변호인이었지만 문제의 본질을 제대로 꿰뚫지 못한 사람이었다. 그러나 그의 입장은 곧 바로 시릴의 조카이자 그를 이어 알렉산드리아의 감독이 된 디오스코러스(Dioscorus)의 지지를 받았다. 디오스코러스는 왕실의 지지를 받으며 449년 8월에 에베소에서 회의를 열고 유티케스를 회복시키는 동시에 콘스탄티노플의 감독 플라비안(Flavian)을 해임시켰다. 플라비안은 유티케스를 정죄한 회의를 주관한 인물이었기 때문이었다.

레오(Leo)와 칼케돈(Chalcedon)

당시의 로마 교회의 수장인 레오 1세는 그런 결정이 내려지기 전에 이 분쟁에 연루되었다. 그는 플라비안의 보고를 받은 후에 449년 6월 유티케스의 가르침을 정죄하고 원래 그를 해임시켰던 콘스탄티노플 회의의 결정을 받아들이는 편지를 플라비안에게 보냈다. 그는 『레오의 Tome』(역자 주: 대저술의 한 권을 뜻함)으로 불리는 책에서 이후 서방에서 전통이 될 기독론을 전개하였다. 레오는 터툴리안의 용어를 사용하여 그리스도는 두 본성을 가진 한 "인격"이라고 주장했다. 여기서 본성은 어느 특정한 활동 방식을 가지는 원리를 의미한다. 전통적인 알렉산드리아 학파 사람들에게는 그의 언어가 지나치게 이원론적으로 보였을 것이다. 그러나 레오는 자신의 편지에서 시릴의 중심 입장인 그리스도의 존재론적 정체는 로고스 자신이라는 점을 분명히 했다. 디오스코러스는 교황의 사절단과 그들이 지닌 이 편지를 에베소 회의에 받아들이기를 거부하였다. 그래서 레오는 이 회의를 "강도의 회의"라고 이름을 붙이고 로마 교회의 권위를 주장하며 문제를 바로 잡기 위한 다른 회의를 요구하였다.

동방에서 황제 테오도시우스 2세(Theodosius II)가 죽고 그 뒤를 이어 마르시안(Marcian)이 황제의 자리에 오르게 되면서 비로소 레오의 요구가 관철되었다. 마르시안은 제국의 수도인 콘스탄티노플에서 멀지 않은 도시인 칼케돈에서 회의를 소집하였다. 로마 감독의 사절단과 동방의 곳곳에서 모여든 감독들은 황제가 보낸 관리들의 감시 하에 함께 모였다. 이 회의는 단숨에 디오스코러스를 해임시켰지만 그밖에 어떤 조치를 더 취해야 하는지 결정하는 문제에 대해서는 어려움을 겪었다. 로마의 사절단은 레오의 Tome이 권위 있는 결정적 문서라는 견해를 고집했다. 그러나 대부분의 동방의 감독들은 알렉산드리아의 시릴의 전통에 서 있었기 때문에 그가 주도한 431년의 에베소 회의의 입장 즉 기독론적 문제의 해결을 위해서는 325년의 니케아 회의의 신조로 충분하다는 입장을 선호했다. 그러나 황제는 백성들을 분열시키는 기독론 논쟁을 해결할 참신한 결정을 몹시 원했다.

이런 다양한 압력들의 결과는 그것들 모두를 고려하는 문서의 완성이었다. 칼케돈 회의의 "정의"는 그리스도의 인격과 구속의 신비에 대한 진리는 니케아 신조에 이미 만족스럽게 설명되어 있고 381년의 콘스탄티노플 신조에 확대되어 있다는 서두로써 시작된다. 그러나 이 문서는 안디옥 학파와 알렉산드리아 학파 모두의 극단적 이론들 즉 아폴리나리스주의 네스토리우스주의 유티케스주의에 대한 명시적인 정죄로 이어진다. 그리고 이런 이단들에 대한 처방으로서 세 가지 문서 즉 교황 레오의 Tome 네스토리우스에게 보내는 시릴의 두번째 편지 그리고 시릴이 433년의 재결합 조약(Formula of Reunion)을 수용하면서 안디옥의 요한에게 보내는 편지가 추천되어 있다. 마지막으로 칼케돈 회의는 황제의 뜻에 따라 위의 신앙의 척도들에 자체의 성명을 덧붙인다.

그 "정의"를 끝맺음하는 성명은 시릴의 용어와 레오의 용어와 재결합 조약의 용어를 사용하고 있다. 그 성명은 그리스도의 연합을 강조할 때 시릴의 문체를 따른다. 그래서 그리스도는 완전한 신성과 완전한 인성을 동시에 소유한 신적인 아들로 표현된다. 그러나 그것은 재결합 문서에 따라 그리스도가 "두 본성으로부터" 존재하는 것이 아니라 "두 본성으로" 존재한다고 주장한다. 즉 이 두 본성은 서로에게서 분리되지도 않고 서로 혼합되지도 않는다는 것이다.

그래서 용어의 측면에서 볼 때 그 "정의"는 안디옥 학파와 알렉산드리아 학파 양쪽의 주요 강조점들을 수용하고 있다. 예수 그리스도는 "한 본체"이지만 "두 본성으로" 존재한다. 즉 그는 한 실체이고 그렇게 존재하는 신적 로고스이다. 그리고 동시에 한 인간으로 존재한다.

  고전 기독론 논쟁의 마지막 작품인 칼케돈 신조는 본질적으로 기독론적 언어의 표준이다. 그 용어들은 예수가 어떻게 짜 맞추어지는지 그 방식을 묘사하기 위해 고안된 것이 아니다. 그것들은 예수에 대해 어떻게 말하는 것이 올바른 것인지 설명하기 위해 고안된 것이다. 정통은 예수를 한 주체로 인정하고 예수가 하나님(신적인 로고스)인 동시에 한 인간으로 불릴 수 있다는 사실을 인정하는 것이다. 그래서 예수를 설명하기 위해서는 동시에 두 가지 방식으로 이야기를 해야 한다. 우리는 그가 행한 모든 일과 그의 모든 존재를 하나님의 로고스와 관련하여 설명해야 한다. 다시 말하면 우리는 하나님이 우리 가운데 거하시는 것으로 그를 인식해야 한다. 그러나 동시에 우리는 그를 보통 의미에서의 한 인간으로 설명해야 한다. 그 두 가지 설명이 모두 필요하다. 우리는 한쪽 설명만으로 예수를 정확히 이해할 수 없다. 심지어 그것들이 서로 다른 설명이라는 사실을 알고 있을 때라도 말이다. 따라서 칼케돈 회의가 기독론적 용어들을 확정함으로써 기독론 문제를 해결했다는 것은 일리가 있는 말이다. 그 신조는 기독론을 확정한 것이 아니라 적절한 기독론적 언어의 정식 테두리를 설정한 것이다.

2
사르디스의 멜리토

유월절 설교

(1) 히브리인들의 출애굽을 다루는 구절들, 어떻게 양이 희생되었고 어떻게 백성들이 구원받았는지를 기록한 구절들이 낭독되었고 신비의 말씀이 설명되었다.

(2) 그러니 나의 사랑하는 친구들이여 마음을 열고 이해하기를 바란다. 여기에 나오는 유월절 양의 신비는 새로운 동시에 오래되었고 영원한 동시에 시간과 관계가 있고 부패적인 동시에 부패하지 않으며 필멸인 동시에 영원하다.

(3) 그것은 율법에 의해서는 오래되었지만 말씀에 의해서는 새롭다. 예표이기에 시간과 관계가 있지만 은혜이기에 영원하다. 도살당하는 양이기에 부패적이지만 주님의 생명이기에 부패하지 않는다. 땅에 묻히기 때문에 필멸적이지만 죽은 자들로부터의 부활 때문에 영원하다.

(4) 율법은 오래되었지만 말씀은 새롭다. 예표는 특정한 때에 속하지만 은혜는 영원하다. 양은 부패하지만 주님은 부패하지 않으신

다. 그는 양으로 도살당하셨고 하나님으로 다시 사셨다. 그는 "양같이 도살업자에게 끌려갔지만"(사 53:7) 양이 아니었다. 그는 어린양같이 "아무 말이 없었지만" 어린양이 아니었다. 한 편 예표는 거기에 숨겨 있지만 또 다른 한 편 실제(實際)는 발굴되었다.

(5) 어린 양 대신 하나님이 나타나셨고 양 대신 한 인간이 나타나셨다. 그리고 그 인간 속에 모든 것을 가지신 그리스도가 나타나셨다.

(6) 그래서 양의 도살과 유월절과 율법서의 신성함이 그리스도에게서 완성되었다. 새 말씀 안에서는 더욱 더 그러하듯이 그를 위해 모든 것이 옛 율법 안에서 일어났다.

(7) 율법과 말씀이 시온과 예루살렘으로부터 함께 나오면서 율법이 말씀이 되었고 옛 것이 새 것이 되었기 때문이다. 그리고 계명은 은혜가 되었고 예표는 실제가 되었고 양은 아들이 되었고 인간은 하나님이 되었다.

(8) 그는 아들로 태어났고 어린 양으로 끌려갔으며 양으로 죽임을 당했고 사람으로 묻히셨다.

(9) 그는 모든 것이다. 심판하시기에 율법이시고 가르치시기에 로고스이시고 구원하시기에 은혜이시고 낳으시기에(beget) 아버지이시고 태어나시기에 아들이시고 고난당하시기에 양이시고 묻히시기에 인간이시고 다시 사시기에 하나님이시다.

(10) 이 분이 "세세토록 영광을 받으실" 예수 그리스도이시다. 아멘.

(11) 율법에 기록되어 있는 것으로서 우리가 방금 전에 읽은 유월절 양의 신비가 바로 그것이다. 나는 이제 본문이 말하는 바를 자세히 검토하겠다. 하나님이 이집트의 바로를 재난으로 꼼짝 못하게 하시고 이스라엘에게는 모세의 손을 빌어 그 재난이 닥치지 않게 하실 때 하나님이 어떻게 모세에게 명령하셨는지 이제 검토하겠다.

(12) 하나님은 말씀하신다. "보라 너희는 흠 없고 순전한 어린양 한 마리를 택해서 저녁이 될 때 이스라엘 자손들과 함께 모여서 그것을 죽이고 밤에 그것을 서둘러 먹되 그 뼈를 절대 부러뜨리지 말아야 한다"(출 21:1이하).

(13) 그리고 말씀하신다. "이것이 너희들이 할 일이다. 너희는 가족별 부족별로 모여서 그것을 밤새 다 먹어야 한다. 허리띠를 띠고 손에 지팡이를 잡고서 먹어야 한다. 이것이 이스라엘 자손들을 위한 영원한 기념 즉, 주님의 유월절이다."

(14) "그 후에 양의 피로 집 문 앞을 흠뻑 적시고 문틀에 피의 표식을 두어 천사를 막아야 한다. 보아라. 내가 이집트를 친다. 하룻밤 사이에 그 나라는 짐승에서부터 사람에 이르기까지 자손을 잃을 것이다."

(15) 그래서 모세는 양을 잡고 밤새 이스라엘 자손들과 함께 그 신비를 수행할 때 집 문에 피를 발라 그것을 사람들에게는 경계의 표시로 천사에게는 저지의 표시로 삼았다. 비를 수행하고 기뻐하며 인(印)침을 받을 때 천사는 도착하여 이집트를 쳤다—이집트는 신비에 속하지 않고 유월절에 참여하지 않고 피로 인침을 받지 못하고 영의 보호를 받지 못했기 때문에—이 믿지 않는 이집트를 이 대적자를

(17) 천사는 내리쳤다. 그리고 하룻밤 새 이집트는 자손을 잃었다. 천사가 이스라엘 가운데 돌아다니며 그들이 양의 피로 인침받은 것을 보고 이집트로 건너가서 목이 곧은 바로를 슬픔으로 길들였다. 여러 갈래로 찢긴 애곡(哀哭)의 옷으로 바로를 입힌 것이 아니라 첫 소생을 잃은 슬픔으로 인해 갈가리 찢긴 온 이집트로 옷을 입혔다.

(18) 고난과 역경 중에 눈물과 탄식 중에 있는 온 이집트가 울면서 바로에게 왔기 때문이다. 그들은 겉으로만 우는 것이 아니라 영혼 속으로 울었으며 겉옷만 찢은 것이 아니라 자신의 섬세한 젖가

슴까지 찢었다.

(19) 새로운 장관이었다. 사람들은 한 쪽에서는 자기 몸을 때리고 또 한 쪽에서는 울부짖고 있었다. 그들 사이에서 베옷을 입고 재위에 앉아 애곡하는 바로는 장례식 옷 같은 칠흑 같은 어둠으로 둘러싸여 있었다. 온 이집트는 그야말로 하나의 큰 애곡(哀哭)의 옷이었다.

(20) 이집트는 마치 애곡의 옷처럼 그를 둘러싸고 있었다. 이것이 독재자의 몸을 위해 마련된 옷이었다. 그 격심한 애곡과 확실한 흑암과 자녀 없음이 정의의 천사가 가혹한 바로에게 입힌 옷이었다. 천사는 이집트의 첫 소생을 계속 죽였으며 그 첫 소생의 죽음은 급속하였고 끊임이 없었다.

(21) 한번 공격으로 죽은 사람들 위로 기념 트로피가 올려지는 것을 볼 수 있었다. 그리고 죽은 자들의 파멸은 계속 죽음의 불을 지피는 불쏘시개가 되었다.

(22) 자세히 보면 듣도 보지도 못한 새로운 참상에 놀라게 된다. 무엇이 이집트인들을 감싸고 있는지 보라. 긴 밤과 확실한 어둠 계속 사람들을 찾아다니는 죽음 잔혹한 천사 그리고 그들의 첫 소생들을 집어삼키는 죽음(*Hades*)이 그들을 감싸고 있다.

(23) 그러나 더욱 더 이상하고 놀라운 것이 여기에 있다. 죽음은 이 확실한 어둠 가운데 보이지 않게 숨어 있다가 가련한 이집트인들이 어둠 속을 헤맬 때 그들을 찾아내어 천사의 명령에 따라 이집트인들의 첫 소생을 죽였다.

(24) 그래서 어둠 가운데 헤매는 사람은 누구나 죽음이 낚아 채 갔다.

자기 손을 붙잡고 끌고 가는 죽음의 모습을 보고 첫째 아이는 가련하게 자신의 영혼 속에서 공포에 질려 울부짖는다. "누가 나의 손을 잡고 있지? 나의 영혼은 누구를 무서워하는 것일까? 나의 온 몸을 감싸는 어둠은 무엇이지? 아버지라면 나를 도와줘요! 어머니라면 내 고통을 덜어줘요. 형이라면 말 좀 해봐 친구라면 날 친절히 대해 줘! 적이라면 나를 떠나라. 나는 첫째 아이이기 때문이다."

(25) 그러나 그 첫째 아이가 잠잠하기 전에 무시무시한 침묵이 그를 사로잡는다. 그 침묵은 말한다. "첫째야 너는 내 것이다. 나 죽음의 침묵이 너의 운명이다."

(26) 다른 첫째 아이는 이 첫째 아이가 잡혀가는 것을 보고 자기가 죽지 않기 위해 첫째라는 것을 부인한다. "나는 첫째가 아니다. 나는 어머니에게서 셋째로 태어났다." 그러나 천사는 속지 않는다. 그가 그 첫째를 붙잡을 때 그 아이는 침묵 가운데 얼굴을 땅으로 향한다. 한번의 맹렬한 급습으로 이집트의 첫째들은 사라져 버렸다. 처음으로 잉태된 것 첫 소생 바라던 것 응석받이는 땅에 내 팽개쳐졌다. 사람의 첫째 뿐만 아니라 비이성적인 짐승의 첫째까지 그렇게 되었다.

(27) 비옥한 들판에서는 새끼들을 잃은 짐승들의 소리가 들렸다. 송아지를 낳은 암소 망아지를 낳은 암말 그밖에 새끼를 막 낳고 젖으로 가슴이 부은 짐승들은 그들의 새끼가 죽은 것을 보고 몹시 슬피 울었다.

(28) 사람의 첫째들이 죽었기 때문에 울음소리는 더 했다. 온 이집트는 매장되지 않은 시체들로 인해 악취가 진동했다.

(29) 정말 무시무시한 광경이었다. 머리를 풀어헤친 어머니들과 정신이 나간 아버지들은 이렇게 소리치고 있었다. "단 한번의 맹렬한 급습으로 우리 가련한 사람들은 아이들을 잃었다. 첫째 아이들을 잃었다." 그들은 가슴을 치며 울었고 죽은 자들을 위해 춤을 추면서 손으로 악기를 연주했다.

(30) 그런 지독한 재앙이 이집트에 내렸고 한 순간에 자녀들이 없어져버렸다. 그러나 이스라엘은 양의 희생으로 보호받았고 쏟아부은 피로 밝게 되었다. 그리고 양의 죽음은 그들 주변을 감싸는 성채(城砦)였다.

(31) 오, 경이롭고 말로 다 할 수 없는 신비여! 양의 희생은 이스라엘의 구원이었고 양의 죽음은 백성의 생명이 되었고 피는 천사를 저지했도다!

(32) 천사여 나에게 말하라. 너를 저지한 것이 무엇이었느냐? 양의 희생이었느냐 아니면 주님의 피였느냐? 양의 죽음이었느냐 아니면 주님의 예표(prefiguration)였느냐? 양의 피였느냐 아니면 주님의 영이었느냐?

(33) 너는 양에서 주님의 신비를 양의 희생에서 주님의 생명을 양의 죽음에서 주님의 예표를 보았기 때문에 제지당했던 것이 분명하다. 이것이 네가 이스라엘을 치지 않고 이집트의 아이들만을 죽였던 이유이다.

(34) 이 들어보지 못한 신비는 무엇인가? 이집트는 파멸의 공격을 받았고 이스라엘은 구원의 보호를 받았다.

들어라. 신비의 능력에 귀를 기울여라.

(35) 사랑하는 자여 말과 일어난 일은 비유나 예비적 밑그림일 때만 의미가 있다. 일어난 모든 일과 표현된 모든 말은 비유의 성격을 띤다. 일어난 일이 과거의 예비적 사건(anticipation)에 의해 밝혀지고 말해진 것이 과거의 비유에 의해 설명되는 것과 마찬가지로 지금 말해진 것은 미래를 위한 비유의 성격을 띠고 일어난 일은 예비의 성격을 띤다.

(36) 모형이 없이는 어떤 일도 이루어지지 않는다. 다가오는 실제는 그것을 예비하는 형상에 의해 인식되는 것이 아닌가? 그래서 앞으로 생겨나게 될 것의 예비적 밑그림은 왁스나 찰흙이나 나무로 만드는 것이다. 그리고 미래의 완성품은 이 예비적 밑그림의 작은 규모와 부패성에 의해서 키가 훨씬 크고 힘이 더 세고 모양이 더 아름답고 장식이 더 풍부하게 보이는 것이다.

(37) 예표가 지시하는 것이 실현될 때 앞으로 되어질 것의 모습을 지녔던 모형은 더 이상 필요가 없기 때문에 파기된다. 형상은

그것이 상징하는 진실이 올 때 없어지는 것이다. 그래서 한 때 영광스러웠던 것이 이제는 영광스럽지 못한 것이 된다. 본래적으로 영광스러운 것이 이제 나타났기 때문이다.

(38) 모든 것은 자기의 때가 있다. 예표에 합당한 때가 있고 실물에 합당한 때가 있다. 사람들은 먼저 진리의 예표를 만든다. 그렇게 하는 이유는 앞으로 생겨날 것의 모습을 그 안에서 보기 때문이다. 그리고 재료를 예표 앞으로 가져다 놓는다. 그렇게 하는 이유는 그 재료를 이용하여 앞으로 만들게 될 것을 기대하기 때문이다. 작품을 완성한 다음에는 그것만을 바란다. 그것만을 지지한다. 이것 안에서만 예표와 재료와 진리를 함께 명상할 수 있기 때문이다.

(39) 부패하는 모형들에 적용되는 것이 부패하지 않는 것에도 그대로 적용된다. 땅의 것들에 적용되는 것이 하늘의 것들에도 그대로 적용된다. 그래서 주님의 구원과 진리가 구약 백성에게서 예시되었고 복음의 원리들이 율법에 의해 미리 선포되었다.

(40) 따라서 그 백성은 예비적 밑그림으로서의 예표였고 율법은 예표를 받아 적은 것이었다. 그러나 복음은 율법의 설명이요 완성이었고 교회는 진리의 수용체였다.

(41) 그래서 모형은 진리가 오기까지 귀중한 것이었으며 예표는 해석이 이루어지기까지는 경이로운 것이었다. 다시 말해서 구약 백성은 교회가 일어나기까지 귀중한 것이었고 율법은 복음이 빛을 보기까지 경이로운 것이었다.

(42) 그러나 교회가 일어서고 복음이 전파되었을 때 예표는 진리에게 권위를 넘겨주었기 때문에 빈 껍데기가 되었고 율법은 복음에게 권위를 넘겨주었기 때문에 완결되었다. 마치 예표가 실물에게 형상을 넘겨주었을 때 빈 껍데기가 되는 것처럼 비유도 해석이 이루어지면 빈 껍데기가 되는 것이다.

(43) 마찬가지로 복음이 나타났을 때 율법은 완결되었고 교회가 일어섰을 때 구약 백성은 빈 껍데기가 되었으며 주님이 나타나셨을

때 예표는 파괴되었다. 오늘날에도 본래적으로 귀중한 것이 나타날 때 한때 귀중했던 것이 무가치하게 된다.

(44) 한 때 양의 희생은 귀중한 것이었지만 지금은 주님의 구원 때문에 무가치하게 되었다. 한 때 양의 죽음은 귀중했지만 지금은 주님의 구원 때문에 무가치하게 되었다. 양의 피도 중요했지만 지금은 주님의 영 때문에 무가치하다. 아무 소리도 내지 않던 어린 양은 귀중했지만 지금은 흠없는 아들 때문에 가치가 없다. 이곳 아래의 성전은 귀중하다. 그러나 높이 계신 그리스도 때문에 가치가 없다.

(45) 여기 아래의 예루살렘은 중요했지만 지금은 높이 있는 예루살렘 때문에 가치가 없다. 편협한 상속은 한 때 중요했지만 지금은 넓은 은혜 때문에 가치가 없다. 왜냐하면 하나님의 영광은 한 장소나 작은 땅 쪼가리에 국한되지 않기 때문이다. 그의 은혜는 인간 세계의 끝까지 넘치고 전능하신 하나님은 예수 그리스도를 통하여 그곳에 거하셨다. 그분에게 세세토록 영광이 있기를. 아멘.

(46) 여러분은 예표와 그것의 의미에 대한 설명을 들었다. 이제 신비의 모습이 어떠한지 귀를 기울이라.

유월절(Passover, *pascha*)이란 무엇인가? 그 단어는 사실 전이된 말이다. 즉, "유월절을 지키다"(*paschein*)라는 말은 "고난당하다"(*pathein*)에서 유래하였다.

그렇다면 누가 고난을 당하며 누가 그의 고난을 함께 하는지 배워보자.

(47) 그리고 왜 주님이 이 땅에 계셨는지 배워보자. 그 이유는 주님께서 고난당하는 자의 모습을 입으신 후 그를 인간의 몸으로 하늘 높은 곳에 이끌어 가시기 위함이다.

로고스를 통해 "하나님이 태초에 하늘과 땅을 지으시고"(창 1:1) 그 안에 있는 만물을 지으실 때 그는 사람을 흙으로 빚으시고 당신이 빚으신 형상과 숨을 함께 나누셨다. 그리고 그는 사람을 에덴의 동쪽인 낙원에서 만족하며 살게 하셨다. 그리고 이 계명을 주셨다. "양식을 위하여 낙원에 있는 모든 나무의 과일을 먹어라. 그러나 선과 악을 알게 하는 나무의 열매는 먹지 말아라. 네가 그것을 먹는 날에는 죽을 것이다"(창 2:16-17).

(48) 그러나 땅이 선한 씨와 악한 씨를 모두 받아들일 수 있듯이 사람도 본래적으로 선과 악을 모두 받아들일 수 있는데 그는 하필 악하고 탐욕적인 조언을 수락했다. 그는 그 나무에 손을 대었고 하나님의 계명을 어겼으며 하나님을 불순종했다. 그 결과 그는 정죄 당한 자들이 감옥에 던져지듯이 이 세상으로 던져졌다.

(49) 그가 아이를 많이 낳고 나이가 들어 선악과의 결과 대로 죽게 되었을 때 그는 자녀들에게 유산을 물려주었다. 그는 자녀들에게 정절이 아닌 간음을 순수가 아닌 부패를 명예가 아닌 불명예를 자유가 아닌 속박을 왕의 지배가 아닌 폭정을 생명이 아닌 죽음을 구원이 아닌 멸망을 유산으로 남겨주었다.

(50) 땅 위의 인간의 멸망은 아직 들어본 적이 없는 무서운 것이 었다. 그들에게 무슨 일이 일어났는지 보라. 그들은 그들의 지배자인 죄의 노예가 되어 욕정의 세계로 끌려 들어갔다. 그곳에서 그들은 간통, 불륜, 뻔뻔스러움, 정욕, 탐욕, 살인, 악, 외설 등 만족할 줄 모르는 쾌락에 푹 빠져 있었다.

(51) 아버지가 아들을 향해 칼을 들었고 아들은 아버지를 쳤으며 불경스럽게도 자기 어머니의 가슴을 쳤다. 형제가 형제를 죽였고 집주인이 손님을 갈취했으며 친구가 친구를 죽였다. 인간이 동료 인간의 목을 잔인한 손으로 내리쳤다.

(52) 그래서 땅 위의 모든 사람들은 살인자 형제, 살인범 부모, 살인범 아니면 유아 살인범이 되었다. 그러나 더욱 경이롭고 두려운 일이 일어났다. 어떤 어머니는 자기가 낳은 살덩이에 자기의 젖을 빤 아이에 손을 대었다. 그 어머니는 자기의 태의 열매를 자기 뱃속에 매장시켰다. 그 팔자 사나운 어머니는 자기가 낳은 아이를

삼켜버리는 무시무시한 무덤이 되었다.

(53) 더 이상 말하지 않겠다. 다른 많은 이상한 일들이 더 무섭고 더 방자한 일들이 사람들 사이에서 일어났다. 아버지가 딸과 함께 아들이 어머니와 함께 형제가 자기 자매와 함께 남자가 남자와 함께 잠을 자고 모든 사람이 이웃의 아내를 탐하였다.

(54) 죄는 이것을 보고 기뻐했다. 죽음의 동역자인 죄는 맨 처음 사람들의 혼 속으로 침투해 들어가서 죽음이 먹어치울 수 있도록 사람들의 몸을 준비시켰다. 죄는 모든 혼 속에 표식을 남기고 그 표식을 받은 사람들을 끝장내었다.

(55) 이렇게 모든 육체는 죄에 굴복했고 모든 몸은 죽음에 굴복했다. 모든 영혼은 육체의 집으로부터 분리되었고 땅에서 취한 것은 다시 땅으로 되돌아갔다. 하나님이 주신 것은 지옥 속으로 떨어져 버렸다. 그 복된 연합은 해소되었으며 그 아름다운 몸은 모두 조각이 났다.

(56) 새로운 종류의 불행과 포로 신세로 인해 인간은 죽음으로 조각이 났다. 죽음의 그림자 속으로 포로가 되어 끌려갔다. 성부의 형상은 쓸쓸하게 버려져 있었다. 이것이 바로 유월절 신비가 주님의 몸에서 완성된 이유이다.

(57) 그러나 주님은 족장들과 선지자들과 일반 백성들의 몸에서 자신이 당할 고난의 순서를 미리 계획하셨고 율법과 선지서들을 통해 그것을 확증하셨다. 미래는 선례가 없는 장엄한 것이기 때문에 미리 훨씬 전에 계획되었다. 그래야 실제로 일이 이루어질 때 그것이 이미 예고된 것으로 믿는 믿음을 발견할 수 있기 때문이었다.

(58) 이렇게 미리 예고되어 오늘날에 분명해진 주님의 신비는 일이 성취된 지금 믿음을 발견한다(비록 사람들은 그것을 새로운 것으로만 판단하지만 말이다). 주님의 신비는 새롭고 오래되었다. 그것은 예표인 의미에서 오래되었고 은혜인 의미에서 새롭다. 그러나 여러분이 이 예표를 유심히 관찰하면 그것의 성취에서 그 실재를

발견하게 될 것이다.

(59) 만일 주님의 신비를 보기 원한다면 비슷하게 죽임을 당한 아벨을 보라. 비슷하게 묶인 이삭을 보라. 비슷하게 종으로 팔린 요셉을 보라. 비슷하게 버림을 당한 모세를 보라. 비슷하게 박해를 받은 다윗을 보라. 비슷하게 그리스도 때문에 고난당한 선지자들을 보라.

(60) 또한 이집트 땅에서 희생을 당한 양을 보고 피 때문에 이집트를 치고 이스라엘을 구원한 이를 보라.

(61) 또한 주님의 신비는 선지자의 목소리를 통해 선포되었다. 모세는 백성들에게 말한다. "그리고 너희들은 밤낮으로 너희의 목숨이 너희의 눈앞에 달려있는 것을 볼 것이며 너희는 너희 생명을 믿지 못할 것이다"(신 28:66).

(62) 다윗은 말했다. "어찌하여 뭇 나라가 격노하며 어찌하여 뭇 민족이 헛된 일을 꾸미는가? 어찌하여 세상의 임금들이 나서고 어찌하여 통치자들이 음모를 꾸미며 주를 거역하고 그리스도를 대항하는가?"(시 2:1-2)

(63) 예레미야는 말하였다. "나는 도살장으로 끌려가는 순한 어린양과 같다. 사람들이 나를 해치려고 '나무를 그의 빵에 던져 버리자. 그리고 사람 사는 세상에서 그를 없애버리자. 그의 이름을 다시는 기억하지 못하게 하자'라고 말을 합니다"(렘 11:19).

(64) 이사야는 말했다. "그는 양같이 도살장으로 끌려갔고 털 깎는 자 앞에 선 잠잠한 양처럼 그는 입을 열지 않았다. 누가 그의 출생을 자세히 설명할 수 있는가?"(사 53:7-8)

(65) 많은 선지자들이 유월절 양이신 그리스도의 신비에 대해 다른 많은 것들을 선포하였다. "그분에게 세세토록 영광이 있으라. 아멘."

(66) 그는 고난당하는 자를 위해 하늘에서 땅으로 오셨다. 그는 처녀의 몸을 빌어 고난당하는 자로 옷 입으셨고 한 인간으로 태어

나셨다. 그는 고난당할 수 있는 몸을 통해 고난당하는 자의 고난을 짊어지셨고 육신의 고난을 멸하셨다. 그는 죽음을 모르는 영을 통해 살인자인 죽음을 죽이셨다.

(67) 이 분이 어린 양처럼 끌려가시고 양처럼 희생당하신 분이다. 그는 우리를 이집트 땅에서 건져내시듯 세상의 종노릇에서 건져내셨고 바로의 손에서 해방시키시듯 마귀의 종노릇에서 해방시키셨다. 그는 자신의 영으로 우리의 영을 인치셨고 우리 몸의 사지를 그의 피로 인치셨다.

(68) 모세가 바로에게 그렇게 했듯이 이 분이 죽음을 수치로 덮어씌우시고 마귀의 애도자가 되게 하신 분이다. 모세가 이집트에게 그렇게 했듯이 이 분이 불법을 향하여 일격을 가하고 불의를 자식 없게 만든 분이다. 이 분이 우리를 종노릇에서 자유로 어둠에서 빛으로 죽음에서 생명으로 폭정에서 영원한 왕국으로 구출해 내신 분이다. 그리고 우리에게 새 제자장직을 주셔서 우리를 특별하고도 영원한 백성으로 만드신 분이다.

(69) 그는 우리의 구원의 유월절 양이시다. 그는 많은 사람들 안에서 많은 것을 겪으신 분이다. 그는 아벨 안에서 죽임을 당하셨고 이삭 안에서 묶이셨고 야곱 안에서 쫓겨나셨고 요셉 안에서 팔리셨고 모세 안에서 버림을 당하셨고 어린 양 안에서 희생당하셨고 다윗 안에서 박해받으셨고 선지자들 안에서 치욕을 당하셨다.

(70) 이 분이 처녀에게서 육신이 되시고 나무에 달리시고 땅에 묻히시고 죽은 자들 가운데서 일어나시고 하늘 높이 오르신 분이다.

(71) 그는 말없는 어린 양이시다. 그는 죽임당한 어린 양이시다. 그는 아름다운 암양인 마리아에게서 나셨다. 그는 양떼 가운에서 선택되어 도살장으로 끌려가셨고 저녁 때 죽임을 당하시고 밤에 묻히셨다. 그러나 그는 십자가 위에서 멸망하지 않으시고 땅으로 다시 분해되지 않으셨다. 그는 죽은 자들 가운데서 일어나셔서 인류

2. 사르디스의 멜리토

를 무덤에서 일으키셨다.

(72) 이 사람은 죽임을 당했다. 어디에서 그가 죽임을 당했는가? 예루살렘의 중앙에서 그가 저는 자들을 고치시고 문둥병자들을 깨끗하게 하시고 눈먼 자들을 보게 하시고 죽은 자들을 일으키셨기 때문이다. 율법과 선지서 중 어디엔가 이렇게 쓰여있다. "그들은 나에게 선을 악으로 갚았으며 나에게서 자녀들을 앗아갔습니다. 그들은 나를 대항하여 악을 계획하며 '그는 우리에게 아무 소용이 없으니 그 의인을 묶어버리자'라고 말했습니다"(시 34:14 70인역).

(73) 이스라엘아, 너는 왜 이 새로운 악을 행하였느냐? 너는 너를 영광스럽게 한 자를 수치거리로 만들었다. 너는 너를 존중한 자를 깔보았다. 너는 너를 인정한 자를 부인했다. 너는 너의 이름을 공개적으로 부른 자를 물리쳤다. 너는 너에게 생명을 준 자를 죽였다. 이스라엘아, 너는 무엇을 하였느냐?

(74) 너를 위해 이 말씀이 기록되지 않았느냐? "비참하게 죽지 않기 위해 너는 죄 없는 자의 피를 흘리지 마라"(렘 22:6).

이스라엘은 말한다. "나는 주님을 죽였다. 왜? 그는 꼭 고난당하게 되어 있었기 때문이다." 이스라엘아 너는 주님의 희생에 대하여 그런 궤변을 늘어놓아서는 안된다.

(75) 그는 고난당하셔야 했지만 너 때문에 고난당해서는 안되는 것이었다. 그는 치욕을 당하셔야 했지만 너에 의해 치욕을 당해서는 안되는 것이었다. 그는 심판받아야 했지만 너에 의해 심판받아서는 안되는 것이었다. 그는 나무에 달리셔야 했지만 너의 손에 그렇게 되어서는 안되는 것이었다.

(76) 이스라엘아, 네가 하나님께 간구해야 했던 말은 이것이었다. "주님이시여. 당신의 아들이 고난당하는 것이 진정 당신의 뜻이라면 그가 고난받게 하십시오. 그러나 나 때문에 고난받지는 말게 해주시고 다른 민족들의 손에 고난받게 해 주십시오. 할례받지 못한 자들에 의해 심판받게 해 주시고 내 손에 의해서가 아니라 폭군의

손에 의해 십자가에 달리게 해 주십시오."

(77) 이스라엘아, 네가 하나님께 드린 기도는 그것이 아니었다. 너는 주님 앞에서 속죄받지 못했다. 너는 그의 행하신 일들을 보고도 부끄러워하지 않았다.

(78) 오그라든 손이 펴져서 몸이 완전해졌을 때도 그분의 손이 병자의 눈을 뜨게 했을 때도 마비된 몸을 그분의 목소리로 일으키셨을 때도 너는 부끄러워하지 않았다. 가장 신기한 기적 나흘만에 죽은 자가 무덤에서 다시 일어난 것도 너를 부끄럽게 하지 못했다. 사실 너는 그런 것들을 그냥 지나쳐 버렸다. 주님이 희생당하시기 전날 밤 너는 날카로운 못과 거짓 증인들과 포승줄과 채찍과 신 포도주와 담즙과 칼과 재난을 준비했다. 마치 살인한 강도를 잡으려는 듯이 말이다.

(79) 너는 그의 몸에 채찍을 가하고 그의 머리에 가시를 얹고 나서 너를 흙으로 빚으신 그의 선한 손을 묶고 생명으로 너를 먹이신 그 선한 입에 담즙을 먹이고 그 큰 축제날에 너의 주님을 죽였다.

(80) 그가 배고파하실 때 너는 유쾌하게 그를 부인했다. 그가 식초와 담즙을 먹고 있을 때 너는 포도주를 마시며 빵을 먹었다. 그가 슬픈 얼굴을 하고 있을 때 너는 즐거운 얼굴을 하며 음식을 먹었다. 너는 즐거워했지만 그는 고난을 겪으셨다. 너는 노래를 불렀지만 그는 정죄를 당하셨다. 너는 장단을 맞추고 있었지만 그는 못 박히고 계셨다. 너는 춤추고 있었지만 그는 땅에 묻히고 계셨다. 너는 부드러운 침대 위에 팔다리 쭉 뻗고 누워있었지만 그는 무덤 속 관 속에 누워 계셨다.

(81) 사악한 이스라엘아, 너는 왜 이 새로운 불의를 행하였느냐? 너는 왜 너의 주님 너의 창조자 너를 존중하고 너를 이스라엘로 부르신 그 분에게 새로운 고통을 가했느냐?

(82) 그러나 너는 하나님을 보지 못했고 주님을 인정하지 않았기 때문에 이스라엘이 아닌 것으로 드러났다. 이스라엘아, 너는 이 분

이 아침의 별보다 먼저 나신 하나님의 첫 소생이란 것을 알지 못했다. 그는 빛을 지으시고 햇빛을 찬란하게 하시고 어둠을 한 쪽으로 치워놓으시고 처음 경계를 정하시고 땅을 공중에 떠있게 하시고 깊은 곳을 말리시고 창공을 펼치시고 우주를 자리잡게 하시고

(83) 하늘의 별들을 정돈하시고 그 별들이 빛을 내게 하시고 하늘의 천사들을 창조하시고 그곳에 옥좌를 정하시고 인류를 땅 위에 지으신 분이다.

이 분이 너를 아담에서부터 노아까지 노아에서 아브라함까지 아브라함에서 이삭과 야곱과 열두 족장들에 이르기까지 부르시고 이끄신 분이다.

(84) 이 분이 너를 이집트로 인도해 들이시고 그곳에서 너를 보호하시고 먹이시고 기르신 분이다. 이 분이 너에게 불기둥으로 빛을 주시고 구름 기둥으로 그늘을 주시고 홍해를 가르셔서 그것을 통과하게 하시고 너의 적들을 흩어버리신 분이다.

(85) 이 분이 너에게 하늘로부터 만나를 내리시고 바위에서 물을 내시고 호렙산에서 율법을 주시고 땅을 차지하게 하시고 너에게 선지자들을 보내시고 왕을 세우신 분이다.

(86) 이 분이 너에게서 고통당하는 자들을 고치시고 죽은 자들을 일으키신 분이다. 그런데 너는 그 분을 불경스럽게 대했고 부당하게 대했다. 너는 그 분을 죽였다. 너는 그 분에게 목숨의 대가로 두 드라크마를 요구하며 그분의 값을 정하였다.

(87) 오라 배은망덕한 이스라엘아, 내 앞에서 너의 배은망덕에 대해 심판을 받아라.

그가 너를 인도한 것에 대해 너는 어떤 의미를 부여했느냐? 너의 조상을 선택한 데 대해 너는 어떤 의미를 부여했느냐? 네가 이집트에 내려갔을 때 그곳에서 선한 사람 요셉에게 부양받은 것에 대해 너는 어떤 의미를 부여했느냐?

(88) 열 가지 재앙에 대해 너는 어떤 의미를 부여했느냐? 밤에

나타난 불기둥 낮에 나타난 구름 기둥 홍해를 건넌 일에 대해 너는 어떤 의미를 부여했느냐? 하늘로부터 내린 선물인 만나와 바위에서 나온 물과 호렙산에서 받은 율법과 땅을 유업으로 받은 것과 네가 그곳에서 얻은 선물들에 대해 너는 어떤 의미를 부여했느냐?

(89) 그가 너와 함께 있을 때 고난받는 자들을 고치신 것에 대해 어떤 의미를 부여했느냐? 그가 오그라든 손을 원래대로 회복시키신 것에 가치를 두자.

(90) 그가 나면서부터 장님인 자들을 보게 하신 것에 가치를 두자. 그가 죽은 자들을 사나흘 후에 무덤에서 다시 일으키신 것에 가치를 두자.

그가 네게 주신 은혜는 측량할 길이 없다. 그런데 너는 그를 존중하지 않고 은혜를 배은망덕으로 되갚았다. 악으로 선을 갚았고 해악으로 즐거움을 갚았고 죽음으로 생명을 갚았다. 너는 정작 그를 위해 죽었어야 했다.

한 나라의 왕이 적에게 포로가 되었다면 그를 위해 전쟁이 시작되고 그를 위해 벽이 무너지고 그를 위해 도시가 점령되고 그를 위해 몸값이 전달되고 그를 위해 사절단이 파견된다. 이는 그에게 생명을 회복시키고 만일 그가 죽었다면 그를 매장하기 위해서이다.

(92) 그런데 너는 니의 주님을 대적했다. 이방 민족들은 주님을 경배했다. 할례받지 못한 사람들은 그를 보고 경탄했다. 바깥 사람들은 그에게 영광을 돌렸다. 심지어 빌라도도 재판에서 손을 씻었다. 그런데 너는 그를 그 큰 축제일에 죽였던 것이다.

(93) 그래서 "너는 누룩없는 빵을 쓴 풀과 함께 먹을 것이다"라고 기록되어 있는 대로 너에게는 무교절이 쓰다. 네가 날카롭게 한 그 못도 너에게 쓰다. 네가 날카롭게 한 혀도 너에게 쓰다. 네가 꾸며놓은 거짓 증언도 너에게 쓰다. 네가 준비한 포승줄도 너에게 쓰다. 네가 손으로 꼰 채찍도 너에게 쓰다. 네가 돈을 전해 준 유다도 너에게 쓰다. 네가 복종한 헤롯도 너에게 쓰다. 네가 믿었던 가야바

도 네게 쓰다. 네가 제공한 담즙도 너에게 쓰다. 네가 만든 식초도 너에게 쓰다. 네가 모은 가시도 너에게 쓰다. 네가 피로 물들인 손도 너에게 쓰다.

너는 예루살렘의 한 복판에서 예수를 죽였다.

(94) 모든 민족들아, 듣고 보아라. 전례없는 살인사건이 예루살렘의 한 복판에서 율법의 도시에서 히브리인의 도시에서 선지자의 도시에서 의롭다고 간주되는 도시에서 일어났다. 죽은 사람은 누구인가? 살인자는 누구인가? 말하기 부끄럽지만 그래도 말해야 한다. 만일 그 살인사건이 밤에 일어났다면 그가 사막에서 살해되었다면 침묵을 지키는 것도 쉬운 일일 것이다. 그러나 의인을 불의하게 죽인 사건은 도시 한 가운데서 사람들이 보는 앞에서 일어났다.

(95) 그렇게 그는 나무에 달리셨고 죽어가는 사람이 누구인지 말해주는 명패가 그 나무 위에 부착되었다. 그분은 누구였는가? 차마 말로 표현하기가 힘이 들지만 말을 하지 않을 수 없다. 땅을 떨게 하신 그 분 앞에서 떨면서 들으라.

(96) 땅을 제 위치에 매다신 분이 달리셨다. 하늘을 제 위치에 고정시키신 분이 고정되셨다. 만물을 단단히 잡아매신 분이 나무에 단단히 매이셨다. 주인이 모욕을 당했다. 하나님이 살해당했다. 이스라엘의 왕이 이스라엘 사람에 의해 멸망당했다.

(97) 들어보지도 못한 살인이여, 들어보지도 못한 불의여! 주인은 발가벗겨지고 옷을 빼앗겼다. 그는 자기 몸을 가릴 옷조차 얻을 신세가 못되었다. 별이 자기 궤도를 벗어나고 해가 빛을 잃은 이유가 바로 그것 때문이었다. 이는 나무 위에 벌거벗겨진 채로 달려 있는 그를 감추기 위해서였고 주님의 몸을 어둡게 하기 위해서가 아니라 사람들의 눈을 어둡게 하기 위해서였다.

(98) 사람들은 떨지 않았지만 땅은 떨었다. 사람들은 두려워하지 않았지만 하늘은 두려워했다. 사람들은 자기들의 옷을 찢지 않았지만 천사는 옷을 찢었다. 사람들은 눈물을 흘리며 애통하지 않았지

만 "주님은 하늘에서 소리치셨고 가장 높으신 분은 그의 목소리를 내셨다"(시 18:13).

(99) 그것이 너 이스라엘이 주님 앞에서 떨지 않았던 이유이다. 너는 주님 앞에서 두려워하지 않았고 주님을 위해 울지 않았다(그러나 너는 네 첫 소생을 위해서는 슬픔을 토로하였다). 주님이 달리셨을 때 너는 옷을 찢지 않았지만 너의 자녀가 죽었을 때 너는 옷을 찢었다. 너는 주님을 버렸고 주님은 너를 찾지 않으셨다. 너는 주님을 내쳤고 주님은 너를 땅 위에 내치셨다.

(100) 그래서 그가 죽은 자들로부터 일어나셔서 하늘 높이 올라가셨을 때 너는 죽어 누워있는 것이다.

주님은 인간을 입으시고 고난당하는 자를 위해 고난당하시고 갇힌 자를 위해 묶이시고 정죄받는 자를 위해 심판받으시고 묻힌 자들을 위해 묻히셨지만 죽은 자들 가운데서 일어나셔서 이렇게 크게 외치셨다. "누가 나를 대항하여 심판하겠느냐? 일어서서 내 앞에서 보라. 나는 정죄받은 자를 풀어주었다. 죽은 자들에게 생명을 주었다. 묻힌 자들을 일으켰다.

(102) 누가 나를 대항하여 말을 할 수 있느냐? 나 그리스도는 죽음을 물리쳤다. 나는 대적자를 이기고 승리하여 죽음을 짓밟았고 그 강한 자를 결박하고 인류를 하늘 높이 데리고 올라갔다. 나는 그리스도다."

(103) "죄로 더럽혀진 모든 인간들아 다 와서 죄의 용서를 받아라. 나는 너의 사죄(赦罪)이고 구원의 유월절 양이기 때문이다. 나는 너를 위해 희생당한 어린 양이다. 나는 너의 몸값이다. 나는 너의 생명이다. 나는 너의 부활이다. 나는 너의 빛이다. 나는 너의 구원이다. 나는 너의 왕이다. 나는 너를 하늘 높이 인도한다. 나는 너에게 영원한 아버지를 보여주겠다. 나는 너를 나의 오른 손으로 들어올릴 것이다."

(104) 그는 하늘과 땅을 창조하셨고 태초에 사람을 지으셨고 율

법과 선지자에 의해 예고되셨고 처녀의 몸에서 육신이 되셨고 나무에 달리신 후 땅에 묻히셨고 죽은 자들 가운데서 일어나신 후 하늘로 올라가셨고 하나님 우편에 앉아 계시고 모든 것을 정죄하시고 구원하실 권세를 가지신 분이시다. 하나님은 그를 통해 태초로부터 영원까지 모든 존재하는 것들을 만드셨다.

(105) 그는 "알파와 오메가"이시고 "처음과 끝"이시다. 그는 설명이 불가능한 처음이시고 이해가 불가능한 끝이시다. 그는 그리스도이시다. 그는 왕이시다. 그는 예수이시다. 그는 인도자이시다. 그는 주님이시다. 그는 죽은 자들 가운데서 살아나신 분이다. 그는 하나님 우편에 앉아 계신 분이다. 그는 아버지를 가지고 아버지는 그를 가진다. "그분에게 영광과 권세가 세세토록 있기를. 아멘."

글을 쓴 사람과 글을 읽는 사람과 주님을 순수한 마음으로 사랑하는 사람에게 평화가 있기를…

3
리용의 이레니우스

이단 반박문

제3권 18장

(1) 로고스는 "태초에 하나님과 함께 계셨고" "그를 통해 모든 것이 창조되었고" 항상 인류의 동반자로 계셨다는 것 그리고 그가 마지막 날 성부께서 미리 정하신 순간에 자신이 빚은 피조물과 연합하심으로써 고통을 느끼는 인간이 되셨다는 것은 위의 증거를 생각해 볼 때 자명한 사실이다. 따라서 "그리스도가 그때 태어났다면 그는 그 전에 존재하지 않았던 것이다"라고 말하는 것은 근거없는 말이다. 그는 항상 아버지와 함께 존재했기 때문에 어느 특정한 시점에 하나님의 아들이 되기 시작한 것이 아니다. 그러나 그가 육을 입으시고 인간이 되셨을 때 그는 인류의 긴 역사를 자신 안에서 요약하심으로써 짧고 간략한 방법으로 우리에게 구원을 제공하셨다. 이는 우리가 아담 안에서 잃은 하나님의 형상과 모양을 그리스도 예수 안에서 되찾게 하시기 위함이었다.

(2) 불순종으로 인해 정복당하고 파괴된 인류가 스스로 자신을 되찾고 승리의 상급을 얻는다는 것은 불가능한 일이었다. 더구나 죄의 지배 아래로 떨어진 인간이 스스로 구원을 성취한다는 것도 불가능한 일이었다. 그래서 아들이 그것들을 모두 성취하셨다. 그는 하나님의 로고스로서 아버지로부터 내려와 육신이 되시고 죽기까지 자기를 낮추심으로써 우리의 구원을 위한 하나님의 계획을 완수하셨다. 바울은 우리에게 의심하지 말고 이 사실을 믿으라고 권고하면서 이렇게 말한다. "마음 속으로 '누가 하늘에 올라갈 수 있느냐?'라고 말하지 마라. 그것은 그리스도를 끌어내리는 것이다. 또는 '누가 깊은 곳으로 내려갈 수 있느냐?'라고 말하지 마라. 이는 그리스도를 죽은 자들로부터 분리시키는 것이다"(롬 10:6-7). 그리고 그는 이렇게 덧붙인다. "네가 예수를 주라고 입으로 시인하고 하나님이 그를 죽은 자들 가운데서 살리신 것을 네 마음에 믿으면 구원을 받을 것이다"(롬 10:9). 또 그는 하나님의 로고스가 왜 이런 일들을 하는지 이렇게 설명한다. "산 자들과 죽은 자들의 주님이 되시기 위해 그리스도께서 사시고 죽으시고 일어나셨다"(롬 14:9). 그리고 고린도 사람들에게 편지를 쓰면서 그는 이렇게 말한다. "그러나 우리는 십자가에 달리신 그리스도 예수를 선포한다"(고전 1:23). "우리가 축복하는 축복의 잔은 그리스도의 몸에 참여함이 아닌가?"(고전 10:16)

(3) 양식을 우리와 함께 나누는 자가 누구인가? 그들 스스로 만들어낸 그리스도인가? 즉 "호로스(*Horos* 경계) 위에 펼쳐 있는" "높은 곳으로부터 오신 그리스도" 그들의 어머니를 만든 그리스도가 우리와 함께 양식을 나누는 자인가? 아니면 처녀에게서 나서 "버터와 꿀을 먹은" 임마누엘이 그 사람인가? 그에 대해 선지자는 이렇게 말했다. "그렇다. 그는 인간이다. 누가 그를 알겠는가?"(렘 17:9) 바울도 정확히 같은 분을 선포하고 있다. "나는 여러분에게 우선 그리스도께서 성경대로 우리의 죄를 위해 죽으셨다는 것과 그

가 묻히셨다는 것과 성경대로 사흘째 되는 날에 살아나셨다는 것을 전해드렸다"(고전 15:3-4).

바울은 고난당하시고 묻히시고 다시 사시고 태어나신 그리스도 인간으로 불리는 그 그리스도 외의 다른 존재를 전혀 알지 못했다. 그래서 그는 "그러나 그리스도가 죽은 자들 가운데서 살아나신 분으로 선포된다면"(고전 15:12)이란 말을 한 뒤에 그리스도가 육신이 되신 이유를 이렇게 설명한다. "한 사람으로 말미암아 죽음이 들어왔으니 또 한 사람으로 말미암아 죽은 사람의 부활도 온다"(고전 15:21).

더욱 중요한 것은 우리 주님의 고난과 인성과 죽음 당하심에 대해 바울이 확고부동하게 "그리스도"라는 명칭을 사용한다는 점이다. 예를 들어 바울은 이렇게 말한다. "음식 문제로 그 사람을 망하게 하지 말라. 그리스도께서 그 사람을 위하여 죽으셨다"(롬 14:15). "그러나 여러분이 전에는 멀리 떨어져 있었으나 이제는 그리스도의 피로 가까워졌다"(엡 2:13). "그리스도께서 우리를 위하여 저주가 되심으로써 율법의 저주에서 우리를 속량해 주셨다. 기록된 바 '나무에 달린 사람은 모두 저주를 받은 사람이다'라고 하였기 때문이다"(갈 3:13). "여러분의 지식으로 인해 약한 자가 멸망한다. 그러나 그리스도께서는 그를 위해서도 죽으셨다"(고전 8:11).

요점은 예수에게 임한 그리스도에게는 고난받는 것이 전혀 불가능하지 않다는 것이다. 그 반대로 그리스도는 몸소 우리를 위해 고난받으셨다. 그는 죽으시고 다시 사시고 내려가시고 승천하신 예수 그리스도이시다. 하나님의 아들이 인간의 아들/인자가 되신 것이다. 이것이 바로 "그리스도"란 단어가 의미하는 것이다. "그리스도"라는 말은 기름을 붓는 자와 기름부음을 받는 자와 부어지는 기름을 연상시킨다. 하나님은 기름을 부으셨고 아들은 기름인 성령 안에서 기름부음을 받았다. 이 때문에 로고스가 이사야를 통해 "그가 나에게 기름을 부으셨으니 나에게 하나님의 영이 있다"(사 61:1)고 말했던 것이고 그러면서 기름을 부으시는 아버지와 기름부음을 받는 아들과 기름 자체인 성령을 한꺼번에 의미했던 것이다.

(4) 더욱이 주님 스스로 고통당하는 자가 누구인지를 분명히 하셨다. 그가 제자들에게 "사람들이 인자를 누구라 하더냐?"(마 16:13 이하) 하고 물으셨을 때 베드로는 "주님은 그리스도시요 살아 계신 하나님의 아들이십니다"라고 대답하였고 그가 "혈과 육이 그것을 그에게 나타낸 것이 아니라 하늘에 계신 아버지께서 그렇게 하신 것이다"라고 말씀하시면서 베드로를 칭찬하셨을 때 그는 이 "인자"가 "살아 계신 하나님의 아들 그리스도"라는 것을 명백히 하셨다. 그리고 본문은 계속된다. "그 때로부터 그는 제자들에게 자기가 예루살렘에 가서 제사장들로부터 많은 고난을 당하고 버림을 받고 십자가에 달렸다가 사흘만에 다시 살아나야 한다는 것을 드러내시기 시작하셨다." 베드로가 그리스도로 알아 본 그 분, 하나님께서 그에게 살아 계신 하나님의 아들을 계시하셨기 때문에 그를 "복되다"고 부르신 바로 그 분은 자기가 많은 고난을 당하고 십자가에 달려야 한다고 주장하셨다. 더구나 그는 자기를 통속적인 의미에서의 그리스도로 이해하며 자기의 고난을 거부하는 베드로를 책망하셨다. 그는 제자들에게 말씀하셨다. "아무든지 나를 따라 오려거든 자기를 부인하고 자기 십자가를 지고 나를 따라와야 한다. 왜냐하면 누구든지 자기 목숨을 구하려고 하는 사람은 잃을 것이고 나 때문에 자기 목숨을 잃는 사람은 구하게 될 것"(마 16:24-25)이기 때문이다. 그리스도는 이것을 공개적으로 말씀하시곤 했다. 그는 그리스도를 고백한다는 이유로 목숨을 잃는 사람들의 구세주이시기 때문이었다.

(5) 만일 고난당하는 자가 그리스도 자신이 아니었다면 즉 그가 예수로부터 "도망가 버렸다면" 또는 영지주의자들의 설명대로 그가 십자가의 고난을 자신의 사역의 일부로 받아들이지 않았다면 왜 그는 제자들에게 각각 십자가를 지고 자기를 따르라고 말씀했는가?

그가 그런 말을 했을 때 그는 어떤 사람들이 뻔뻔스럽게 주장하는 식의 어떤 "하늘의 십자가"를 두고 이야기한 것은 아니었다. 그는 자신이 겪어야 할 고난 그리고 제자들도 함께 겪어야 할 고난을 의미했던 것이다. 그래서 그는 "누구든지 자기 목숨을 구하려 하는 사람은 잃을 것이고 목숨을 잃는 사람은 찾게 될 것이라"고 말씀하신 것이다. 또한 그는 제자들이 자기 때문에 고난받게 될 것이라고 유대인들에게 말씀하셨다. "보아라. 나는 선지자들과 지혜있는 자들과 선생들을 너희에게 보낸다. 너희는 그 가운데서 더러는 죽이고 더러는 십자가에 못박을 것이다"(마 23:34). 그리고 제자들에게 말씀하셨다: "너희는 나 때문에 총독들과 임금들 앞에 끌려나갈 것이고 그들이 너희 중 일부를 채찍질하고 죽이고 이 마을에서 저 마을로 쫓아낼 것이다"(마 10:17-18). 그는 자기 때문에 누가 박해를 받을 것인지 누가 채찍질당하고 죽임을 당할 것인지 알고 계셨다. 그는 어떤 다른 대안적인 십자가를 말씀하시는 것이 아니었다. 그는 그가 먼저 당하시고 그 다음에 제자들이 당하게 될 고난을 말씀하신 것이었다.

그래서 그는 "너희 영혼 대신 몸만 죽일 수 있는 자를 두려워하지 말고 영혼과 몸을 모두 게헨나로 보낼 능력이 있는 분을 두려워하라"(마 10:28)라며 제자들을 격려하신다 그리고 자기에 대한 믿음의 고백을 통해 확고히 서라고 제자들을 격려하신다. 그는 사람들 앞에서 자기를 고백한 자들을 아버지 앞에서 고백할 것이고 자기를 부인한 자들을 부인할 것이고 자기를 부끄러워하는 자들을 부끄러워할 것이라고 약속하셨다.

그런데 이 사람들은 뻔뻔스럽고 당돌하게도 주님을 고백하며 주님이 예언하신 모든 것들을 잘 참아낸 순교자들까지 비방한다. 순교자들은 주님의 증인으로서 그의 고난의 길을 따라가려고 노력한 사람들이었다. 우리로서는 이 비판자들을 순교자들의 손에 맡길 뿐이다. 왜냐하면 "그들의 피에 대해 책임을 물을 때"(눅 11:50) 즉 그들이 영광을 얻을 때 그들의 명예를 더럽힌 모든 자들은 그리스도 앞에서 당황할 것이기 때문이다.

주님이 십자가 위에서 "아버지, 그들을 용서해 주십시오. 그들은 자기들이 무엇을 하는지 모릅니다"라고 말씀하신 사실은 그리스도의 오래 참으심과 인내하심과 자비하심과 선하심을 말해준다. 그래서 고난당하신 분이 자기를 처형하는 자를 용서하는 장본인이 되셨다. 그가 우리에게 명령하신 말씀 즉 "너희 원수를 사랑하고 너를 미워하는 자를 위해 기도하라"(마 5:44)고 하신 말씀을 그는 십자가 위에서 실천하셨다. 그는 너무나 인류를 사랑하셨기에 자기를 죽이는 사람들을 위해서까지 중보 기도를 하신 것이다.

누구든지 그리스도가 둘이라고 생각하면서 그 둘 사이를 나누는 사람은 상처와 채찍과 그 밖의 여러 고난 중에서도 자비의 마음으로 자신에게 닥친 악을 잊고자 하는 그리스도가 상처와 불명예를 당하지 않기 위해 "도망가 버린" 그리스도 보다 훨씬 더 훌륭하고 더 참을성 있고 더 선하다는 것을 발견하게 될 것이다.

(6) 이것은 또 그리스도가 단지 외형으로만 고난당했다고 말하는 사람들에게 좋은 대답이 된다. 만일 그가 진정으로 고난당하지 않았다면 그에게 영광을 돌릴 이유가 전혀 없다. 그리고 우리와 관련하여 만일 그 자신이 먼저 똑같이 고난당하지 않고서 우리에게만 매맞고 다른 쪽 뺨을 돌려 대라고 설교한다면 우리가 실제로 고난 당할 때 그는 사기꾼으로 보일 것이다. 그가 실제로는 아니면서 겉으로만 그런 척함으로써 제자들을 잘못 이끌었다면 그는 스스로 고난 당하지 않으면서 우리에게는 고난당하라고 설교함으로써 우리를 잘못 이끈 것이 되는 것이다. 더구나 우리는 선생이 스스로 전혀 겪어보지 못한 것들을 경험하는 만큼 그보다 더 위대한 사람들일 것이다.

그러나 우리 주님은 유일하신 참 선생이시고 하나님의 참 아들이시다. 그는 선하시고 인내로 고난을 이기시는 인자가 되신 성부 하나님의 로고스이시다. 그는 고뇌하셨지만 이기셨다. 그는 조상들을 위해서 싸우는 한 인간이셨다. 그는 강한 자를 결박하고 약한 자를 풀어주면서 순종을 통해 불순종을 말소시키셨다. 그는 죄를 파괴함으로써 자기가 지은 존재를 구원하셨다. 그는 가장 신실하고 자비로운 주님이시고 인류를 사랑하시는 분이다.

(7) 내가 이미 언급한 대로 그는 인간이 하나님을 굳게 붙잡도록 하셨다. 그는 인류를 하나님과 연합하게 하셨다. 만일 한 인간이 인류의 적을 정복한 것이 아니라면 그 적은 정당하게 정복된 것이 아니다. 반대로 만일 구원을 베푼 자가 하나님이 아니라면 우리는 그 구원을 안전하게 소유한 것이 아닐 것이고 또 인간이 하나님과 단단히 연합되지 못한다면 그 연합으로 인간은 불멸성에 참여할 수 없을 것이다. 그래서 "하나님과 인간 사이의 중계자"(딤전 2:5)로 오신 분은 양쪽의 삶을 공유하심으로써 양쪽을 친목과 화해로 연합하셨고 그럼으로써 인간을 하나님에게로 인도하시는 동시에 하나님을 인간에게 알리셨던 것이다.

우리는 어떤 근거에서 하나님의 양자의 자리에 참여한 자들인가? 우리는 아들의 도움으로 하나님에게로의 참여를 허락받아야 했다. 말씀은 육신이 되심으로써 자신을 우리와 함께 나누셔야 했다. 이것이 그가 모든 인간을 하나님과의 교제로 회복시키시기 위해 인생의 모든 단계를 거치셨던 이유이다.

따라서 그가 단지 외형으로만 나타났고 육을 입고 태어나거나 참 인간이 된 것은 아니라고 말하는 사람들은 여전히 옛 정죄의 세력 아래에 있는 자들이다. 그들은 여전히 죄의 지배하에 있는 사람들이다. 그들의 의견에 의하면 "아담부터 모세까지 심지어 아담과 같은 류의 죄를 짓지 않는 사람들까지 지배하는"(롬 5:14) 죽음은 아직 정복되지 않았다.

그러나 모세를 통해 주어진 율법이 와서 죄가 죄인이라고 죄에 대하여 증언하였다. 율법은 죄를 왕이 아닌 도적으로 알리고 그것을 살인자로 드러냄으로써 죄로부터 권세를 빼앗았다. 그러나 율법은 죄를 자신 속에 품고 있는 자에게 큰 짐이 되었고 그에게 법적으로 사형선고를 받아야 한다는 사실을 알려주었다. 비록 율법은 성령의 소산이지만 그것이 하는 일은 모두 죄를 드러내는 일이었다. 그것은 죄를 없애지 못했다. 왜? 죄는 성령을 지배하는 것이 아니라 인류를 지배하고 있기 때문이었다.

그래서 죄를 죽이고 인류에게서 죽음의 부채를 면하게 해줄 자는 반드시 인간이어야 했다. 죄의 노예로 끌려가서 죽음의 포로가 된 인간이어야 했다. 죄가 인간에 의해 정복될 때 인간은 죽음에서 해방되기 때문이었다.

순수한 땅에서 빚어진 첫 작품인 "한 사람의 불순종으로 말미암아" "엄청난 무리들이 죄인이 되었고" 또 생명에 대한 권리를 잃은 것처럼 역시 처녀에게서 난 첫 작품인 "한 사람의 순종으로 말미암아" "많은 무리들이 의롭게 되고"(롬 5:19) 구원받게 될 필요가 있었다. 그래서 하나님의 로고스는 "하나님이 하시는 일은 진실하시다"(신 32:4)라고 말한 모세의 말대로 한 인간이 되셨다. 그러나 그가 육신이 되시지 않고 단지 육신으로 보이기만 하셨다면, 그가 하신 일은 진실한 것이 못된다. 그러나 그는 보이는 만큼 진실하셨다. 하나님은 죄를 죽이시고 죽음을 없애시고 인류에게 생명을 주시기 위해 인간의 옛 모습을 자신 안에 되풀이 하셨다. 이 때문에 "그가 하시는 일들은 진실하신 것"이다.

3권 19장

(1) 그가 요셉에게서 보통의 한 인간으로 태어났을 뿐이라고 말하는 사람들은 그 자신이 죽어가고 있는 사람들이다. 왜냐하면 그런 사람들은 원래의 불순종에 속한 노예 상태에 계속 잡혀있기 때문이다. 그들은 아직 성부 하나님의 로고스를 함께 나누는 위치에

들어와 있지 않기 때문에 아들을 통해 제공받는 자유를 얻지 못하고 있다. 이는 "아들이 너희를 자유롭게 하면 너희는 참으로 자유롭게 될 것이다"(요한 8:36)라고 아들 자신이 말씀하신 것과 같다. 더구나 그들은 처녀에게서 낳은 임마누엘에 대해 아무 것도 모르기 때문에 그가 주는 선물 즉 영생을 얻지 못한다. 그들은 부패함이 없는 로고스를 받지 못하기 때문에 육신의 사망에서 계속 생활하고 있다. 그들은 죽음의 치료제인 생명을 얻지 못하기 때문에 죽음을 당할 수밖에 없다.

이런 백성을 향하여 로고스는 자신이 주는 은혜의 선물에 대해 "너희는 모두 가장 높으신 분의 아들들이고 모두 신들이지만 너희는 사람처럼 죽어가고 있다"(시 82:6-7)라고 말씀하셨다. 분명히 그는 양자(養子)의 선물을 받지 않고 그 반대로 하나님의 로고스의 흠 없는 출생을 통한 성육신을 무시하는 사람들을 향해 그 말씀을 하신 것이다. 그들은 인간에게서 하나님을 향한 진보의 요소를 교묘히 제거하고 그들을 위해 성육신하신 하나님의 로고스에게 배은 망덕하다. 인간이 로고스를 받아들이고 양자됨을 수용함으로써 하나님의 아들이 되게 하기 위하여 하나님의 로고스는 인간이 되셨고 하나님의 아들은 사람의 아들이 되셨다. 우리가 부패를 극복하고 불멸을 얻을 수 있는 유일한 방법은 비부패와 불멸과 연합하는 것이다. 그런데 비부패와 불멸이 먼저 우리와 같이 되지 않고서는 우리가 어떻게 그것들과 연합할 수 있겠는가? "썩을 것이 썩지 않을 것에 의해 삼킨 바 되고 죽을 것이 죽지 않을 것에 의해 삼킨 바 됨"(고전 15:53-54)으로 우리는 양자가 되는 것이다.

(2) 그래서 성경은 "누가 그의 출생에 대해 이야기할까"(사 53:8) "그는 한 인간인데 누가 그를 알까"(렘 17:9)라고 묻고 있다. 그러나 "육체의 뜻으로나 남자의 뜻으로 나지 아니한"(요 1:13) 이 사람이 인자, 살아 계신 하나님의 아들 그리스도라는 사실을 이해하도록 "하나님으로부터 계시를 받은 사람"(마 16:17)은 그를 안다.

우리는 이미 성서를 통해 아담의 자손 중 누구도 엄격한 의미에서의 "신" 또는 "주"라고 불린 적이 없다는 것을 증명하였다. 그러나 진리를 약간이라도 체득(體得)한 사람이면 누구나 자신의 시대를 사는 모든 인간들을 초월하신 이 한 분이 선지자와 사도와 성령에 의해 엄격한 의미에서의 신으로 주님으로 영원한 왕으로 성육신 하신 로고스로 선포되었다는 사실을 알 수 있다. 그러나 만일 그가 다른 이들과 같은 단순한 한 인간이었다면 성서는 그에 대해 그렇게 증거하지 않았을 것이다. 그러나 그는 다른 이들과는 대조적으로 가장 높으신 아버지로부터 나시고 처녀에게서 나셨기 때문에 성서는 그에 대하여 두 가지를 증언하였다. 한편으로 그는 잘 생긴 사람이 아니었으며 고난을 당했으며 나귀의 새끼를 탔으며 식초와 담즙을 마셨으며 사람들 가운데서 모욕을 당했으며 죽기까지 자기를 낮추셨다. 그러나 다른 한편으로 그는 거룩한 주님이시고 놀라우신 분이시고 상담자이시고 아름다우시고 전능하신 하나님이시고 구름타고 오는 모든 자들의 심판주이시다. 이 모든 것을 성서는 예언하고 있다.

(3) 그는 유혹당하기 위하여 인간이 되신 것처럼 영화롭게 되기 위하여 로고스가 되셨다. 한편으로 로고스는 유혹당하고 치욕당하고 십자가에 달리고 죽으시기 위해 잠잠하셨다. 다른 한편으로 인간은 정복하시는 로고스 영속하시는 떠오르는 높은 곳으로 들려 올라가는 로고스에 의해 함께 들려 올라갔다. 따라서 하나님의 아들 우리의 주님 아버지의 로고스 그리고 인간인 마리아에게서 난 인자는 인간의 모습을 가지고 태어나서 사람의 아들이 되셨다.

그런 이유로 "주님은 깊은 곳에서 그리고 높은 곳에서 우리에게 징표를 보여 주셨다"(사 7:14 11). 아무도 처녀가 임신하리라고는 생각지 않았기 때문에 처녀가 아들을 낳는다던가 아니면 이 자손이 "하나님이 우리와 함께 계시는 분"이 될 것이라던가 하는 징표는 아무도 구하지 않은 바였다. 그는 "땅의 아래 부분으로 내려가셔서"(사 7:14) 자신이 지은 창조물인 "잃은 양을 찾으셨다."(눅 15:4-6) 그는 높이 오르셔서 인간의 부활의 첫 열매들을 자신 안에서 창조하시며 자기가 찾은 인간들을 아버지께 위탁하셨다. 마치 죽은 자들 가운데서 머리가 일어서면 나머지 몸의 부분들도 따라 일어서는 것과 마찬가지로 죄로 인한 정죄의 시기가 끝날 때 생명 안에 있는 모든 인간들이 함께 일어서게 되는 것이다. 몸은 하나님께서 주시는 힘으로 마디와 뼈대와 함께 자라게 될 것이고 각 지체는 각자 적당한 자리를 얻게 될 것이다. 하나님이 계신 곳에는 수많은 집들이 있고 몸에는 많은 지체들이 있기 때문이다.

제5권 1장

(1) 하나님의 로고스로 존재하신 우리의 선생이 인간이 되지 않으셨다면 우리는 하나님에 대해 알 수 없었다. 로고스가 아니고서는 아무도 우리에게 성부의 신비를 해석해 줄 자가 없었다. 성부 자신의 로고스가 아니고서는 "그 누가 성부의 마음을 알겠느냐?" "누가 주님의 마음을 알겠느냐?" "누가 그분의 조언자가 되었느냐?"(롬 11:34) 더구나 우리는 우리의 선생님을 보고 그의 목소리를 들음으로써 그의 행동의 모방자가 되고 그의 말씀의 실천자가 되는 것 이외에는 달리 하나님의 것에 대해 배울 방법이 없었다. 그런 식으로 우리는 그와 교제를 나눈다. 다시 창조된 사람들로서 우리는 온 우주보다 먼저 계신 완전하신 그 분의 손에서 자란다. 홀로 가장 뛰어나시고 선하시고 불멸의 선물을 제공해 주시는 분을 통해 우리는 그의 모양으로 창조되었다. 사실 우리가 존재하지 않았을 때 우리는 성부의 미리 아심을 통해 존재하기로 예정되었고 로고스를 통해 미리 정해진 시간에 창조되었다. 그분은 전능한 로고스인 동시에 참 인간이시기 때문에 모든 면에서 완전하시다. 그는 로고스로서의 위치에 합당한 방법으로 자신의 피를 흘려 우리를

구속하셨고 포로로 잡혀있는 사람들을 위해 "자신을 몸값으로 지불하셨다"(딤전 2:6).

또한 배신의 세력이 우리를 자기의 제자로 만들어서 우리를 부당하게 억압하고 천성에 거슬려서 우리를 소외시켰지만(우리는 본래 전능하신 하나님께 속해 있다), 모든 일에 능력이 있으시고 항상 공의를 집행하시는 하나님의 로고스는 그 배신의 세력을 대항하여 싸우실 때에도 공의롭게 행동하셨다. 그는 자신의 것을 구속하실 때 폭력으로 하시지 않고(그 세력이 처음에 우리를 제어할 때 폭력을 사용하였다. 즉 자기에게 속하지 않은 것을 탐욕스럽게 낚아 채갔다) 설득으로 하셨다. 왜냐하면 그 방법이 원래 자기가 원하는 것을 얻기 위해 강요하지 않으시고 설득하시는 하나님에게 적당한 방법이기 때문이었다. 결국 공의는 훼손되지 않았고 하나님께서 오래 전에 빚으신 피조물도 멸망하지 않았다.

주님이 자신의 피로 우리를 구속하시고 우리의 생명을 위해 그의 생명을 주시며 우리의 육신을 위해 자신의 육신을 주시고 아버지의 영을 부어주심으로 하나님과 인류를 연합하시고 그리고 서로를 교제시키시고 성령을 통해 하나님을 인간에게로 내려오게 하시고 또 자신의 성육신을 통해 인간을 하나님께로 들어올리시고 그리고 하나님과의 교제를 도입하심으로써 진정으로 확실하게 우리에게 불멸을 주시는 것 이 모든 것들이 사실인 이상 이단들의 가르침은 박멸되어야 한다.

(2) 그는 단지 외형적으로 보이는 것에 불과하다고 주장하는 사람들은 실없는 소리를 하고 있는 것이다. 그에게 일어난 일들은 일어난 것처럼 보인 것이 아니라 객관적으로 실제로 일어났다. 만일 그가 인간이 아니면서 인간으로 보였다면 그는 실제로 계속 하나님의 영으로 남아있지 않은 것이 된다. 왜냐하면 영은 보이지 않기 때문이다. 또한 그에게 어떤 진리도 발견될 수 없다. 왜냐하면 그는 겉과 속이 다르기 때문이다. 우리는 이미 아브라함과 나머지 선지

자들이 그를 예시적으로 경험하면서 그 환상에 기초하여 앞으로 일어날 일들을 선포하였다고 말한 바 있다. 따라서 만일 지금도 그가 이런 식으로 나타난다면 그리고 그가 실상 보이는 것과 다르다면 우리는 예시적 환상이 사람들에게 내렸다고 이해해야 할 것이다. 그러면 우리는 또 한번의 그리스도의 도래를 기다려야 할 것이다. 그때에야 비로소 현재의 예언이 제시하는 그리스도의 실상이 이루어질 것이기 때문이다.

우리는 그의 모습이 단순히 가장이라고 말하는 것과 그가 마리아로부터 아무 것도 취하지 않았다고 말하는 것이 서로 같은 것임으로 증명했다. 만일 그가 아담의 원시적 형성을 자신 안에서 되풀이하지 않으셨다면 참 육신과 피를—이것들을 통해 우리를 구속하셨는데—가지지 않으셨을 것이다. 그래서 발렌티누스(Valentinus)의 추종자들이 육체의 구원을 부인하고 하나님의 지으신 것을 모욕하기 위해 그런 가르침을 강요할 때 그들은 실없는 소리를 하는 것이다.

(3) 에비온주의자들(Ebionites)도 실없는 소리를 하고 있다. 그들은 믿는 마음으로 하나님과 인간의 연합을 받아들이지 않는다. 대신에 그들은 그들이 가지고 태어난 옛 누룩을 계속 고집하고 있다. 더군다나 그들은 성령이 마리에게 임하고 가장 높으신 이의 권세가 그녀를 덮으셨다는 것을 이해하려고 하지 않는다. 그녀에게서 난 자는 거룩하고 실제로 만물의 아버지, 즉 가장 높으신 하나님의 아들이었는데도 말이다(눅 1:35 참조). 하나님은 우리가 이전의 출생을 통해 죽음을 물려받은 것과 마찬가지로 이제는 그리스도로 말미암아 생명을 물려받게 하시려고 아들을 성육신하게 하셨고 새 출생을 명백히 보여주셨다.

그래서 이들은 성찬식 잔에서 물에 천상의 포도주를 섞는 것을 거부한다. 그들은 현재의 세계가 공급하는 물만을 원하고 하나님을 원하지 않는다. 이렇게 그들은 정복당하고 낙원에서 내쳐진 아담 안에서 계속 생활한다. 그들은 우리가 아담 안에서 처음 만들어질 때 하나님의 생기가 당신이 창조한 인간과 연합함으로 그들에게 생명을 준 것과 마찬가지로 마침내는 하나님의 로고스와 하나님의 영이 다시 한번 아담의 옛 물질과 연합하여 하나님을 완전히 닮은 살아있는 완전한 인간을 만들어냈다는 사실을 모른다. 우리는 이 땅의 삶의 수준에서는 죽었지만 영적인 수준에서는 모두 살아 있다. 아담은 "우리가 우리의 형상과 모양대로 인간을 만들자"(창 1:26)고 말씀하신 하나님의 손을 벗어난 것이 아니었다. 결국 하나님은 "육신의 뜻이나 남자의 뜻에 의해서"가 아니라 아버지의 선하신 뜻 안에서 아담이 하나님의 형상과 모양을 찾을 수 있도록 하시기 위해 당신의 손으로 살아있는 인간을 만드신 것이다.

4
터툴리안

프락세아스 반박문

27장

   그들이 명백한 것을 모호하게 하기 위해 잘못된 논증을 전개하고 있는데 내가 어찌 그런 명백한 사안들을 그냥 말없이 지나칠 수 있겠는가? 성부와 성자 사이에 차이가 있는 것이 사실이기 때문에 그들은 모든 점에서 침묵을 지켜야 할 것이다. 그러나 성부와 성자는 계속 함께 연합되어 있기 때문에 우리는 그들을 태양과 빛 또는 샘과 그곳에서 흘러나오는 개울로 설명할 수 있다.

   그러나 그들은 두 세 가지의 요소로 이루어진 구분없는 한 복합체를 염두에 두면서 성부와 성자의 차이를 우리와는 다르게 그리고 그들의 견해에 맞게 해석하려고 노력한다. 그래서 결국 그들은 한 인격 안에서 성부와 성자를 간단히 구분하면서 성자는 육신/인간 예수이고 성부는 성령-하나님-그리스도라고 말한다. 그래서 성부와 성자가 하나라고 주장하는 사람들이 이제는 그 둘 사이를 동일시하는 것이 아니라 오히려 구분하기 시작하는 것이다 만일 예수와 그리스도가 서로 다른 별개의 것이라면 그리고 성자는 예수이고 성부는 그리스도라면 성자와 성부도 역시 서로 다른 존재가 된다. 이런 종류의 "군주론"—예수와 그리스도를 서로 다른 두 가지로 설명하는 이론—을 그들은 틀림없이 발렌티누스(Valentinus)에게서 배웠을 것이다.

그러나 그들의 이런 주장은 우리가 위에서 증명한 것 즉 그들이 "성부"로 부르는 존재는 "하나님의 말씀" 또는 "하나님의 영 가장 높으신 이의 권세"로 불렸다는 사실에 의해 벌써 힘이 한 풀 꺾였다. 왜냐하면 성부에게 "속한" 것으로 알려진 것들은 성부 자신과 동일시되는 것이 아니라 그로부터 나온 어떤 존재나 그의 속성을 가리키는 것이기 때문이다. 그러나 그들은 이 장에서 다른 종류의 비판을 받게 된다.

그들은 천사의 말을 주목한다. "그러므로 태어날 아기는 거룩한 분이요 하나님의 아들이라고 불릴 것이다"(눅 1:35). 태어나는 것은 육이기 때문에 하나님의 아들도 육이라는 것이다. 그러나 그것은 틀린 말이다. 분명히 동정녀가 "성령으로" 잉태하였고 그녀가 잉태한 분이 곧 태어난 분이기 때문에 위의 구절이 지칭하는 것은 하나님의 영이다. 따라서 잉태되고 태어나도록 되어 있는 분은 꼭 태어나야 하는 분 즉 성령이었다. 그의 이름은 "'하나님이 우리와 함께 계신다' 는 뜻을 가진 임마누엘이다"(마 1:23). 결국 육은 하나님이 아닌 것으로 이해되어야 하고 "그 아기는 거룩한 분이요 하나님의 아들이라고 불릴 것이다"라는 구절은 육과는 상관없이 이해되어야 하는 것이다. 그 구절은 육신을 입고 태어나신 하나님을 지칭하는 것이다. 그래서 시편은 그를 두고 이렇게 말했다. "하나님이 그녀에게서 한 인간으로 태어나시고 성부의 뜻에 따라 그녀를 지으셨다"(시 87:5). "그녀에게서 태어난" 하나님이 누구인가? 말씀과 함께 성부의 뜻에 의해 태어난 성령 그리고 말씀이 아닌가? 그러므로 육신을 입으신 분은 말씀이시다.

　그러나 한 가지 문제점이 있다. 어떤 방식으로 말씀이 육신이 되셨는가? 말씀이 육신으로 변하셨는가 아니면 육신을 입으셨는가? 확실히 말씀은 육신을 입으셨다. 우리는 어떤 일이 있어도 하나님은 변함이 없으시고 그의 존재가 형태지워질 수 없다는 점을 명심해야 한다. 그는 영원하시기 때문이다. 그러나 변형은 원래 있었던 것의 소멸을 의미한다. 변하는 모든 것은 원래의 것이 되기를 중지하고 다른 새로운 것이 되기 시작하는 것이기 때문이다. 그러나 하나님은 원래의 존재를 중지하시거나 어떤 새로운 것이 되실 수 없다. 더구나 말씀은 하나님이고 주님의 말씀은 영원하기 때문에 원래의 상태를 항상 지속하신다. 따라서 만일 그가 다른 어떤 것으로 변할 수 없다면 우리는 그가 육신 안에 들어오시고 육신을 통해 계시되시고 접촉 가능하게 되셨다고 이해해야 하는 것이다. 이렇게 해석해야 할 다른 이유들이 있다.

　만일 말씀이 변형이나 본질의 변화를 통해 육신이 되셨다면 결과는 육과 영의 두 본질로부터 만들어진 예수의 한 본질일 것이다. 즉 금과 은의 혼합으로 만들어진 합금과 같은 어떤 혼합체가 되어서 예수는 금(즉 성령)도 아니고 은(즉 육신)도 아니고 양쪽이 서로에 의해 변화를 겪음으로써 생기는 어떤 "제3의 것"(*a tertium quid*)이 될 것이다. 그렇다면 말씀이 육신이 되면서 말씀이기를 중지했기 때문에 예수는 하나님이 될 수 없고 또한 육신은 한 때 말씀이었기 때문에 엄격한 의미에서의 육신은 존재하지 않는 것이다 (따라서 예수는 육신일 수가 없는 것이다). 이렇게 예수는 양쪽으로부터 아무것도 얻지 못하게 된다. 그 "제3의 것"은 양쪽 어느 것과도 같을 수 없기 때문이다.

　그러나 우리는 그가 우리 앞에 하나님과 인간으로 분명히 서 있는 것을 안다. 우리가 논의하고 있는 시편이 그것을 의미하고 있다. "하나님이 그녀에게서 한 인간으로 태어나셨고 성부의 뜻에 따라 그녀를 지으셨다." 분명히 우리는 그가 하나님과 인간으로 우리 앞에 어디에서나 계시는 것을 발견한다. 이는 그가 각 본질의 속성들을 지닌 하나님과 인간으로 우리에게 나타나신 사실에 근거한다. 그래서 "말씀"은 "하나님"을 의미하고 "육신"은 "인간"을 의미하는 것이다. 사도 바울 역시 이와 같이 본질의 이중성을 가르친다. 그는 로마서 1:3-4에서 이렇게 썼다. "다윗의 자손으로 나신 분"(이것은 인간과 인자를 의미한다) 그리고 "성령을 따라서는 하나님의 아들로 나타나신 분"(이는 하나님과 하나님의 아들 즉 하나님의 말씀을 의미한다). 우리는 한 인격 안에서 하나님과 인간을 본다. 즉 예수에게서 혼합이 아닌 연합의 두 가지의 존재 방식을 보게 된다("그리스도"라는 명칭의 토의는 뒤로 미룬다). 각 본질의 특성은 실제로 그대로 보존되어서 성령이 그의 안에서 자체의 활동(능력과 일과 표적들)을 계속하는 동안 육은 자체의 가변성을 그대로 지니고 있어서 사탄을 만났을 때 배고팠고 사마리아 여인을 만났을 때 목말랐고 나사로를 위해 눈물을 흘렸고 죽기까지 괴로워했으며 마침내는 죽었다. 그러나 만일 예수가 금과 은의 합금처럼 양쪽 본질들로부터 혼합되어 만들어진 "제3의 것"이었다면 본질의 이중성을 드러내는 그런 독특한 징조들은 나타나지 않았을 것이다. 그 대신 성령이 육신의 일에 관여하고 육신이 영적인 일에 관여했을 것이다. 아니면 혼합의 결과로 인해 육신의 일이나 영적인 일이 수행된 것이 아니라 일종의 제3의 성질의 것이 수행되었을 것이다. 만일 말씀이 육신으로 변해버렸다면 분명히 말씀이 죽었거나 아니면 육신이 죽지 않았을 것이다. 왜냐하면 육신이 불멸적으로 되거나 말씀이 죽어야 할 것이기 때문이다. 그러나 양쪽 본질이 각각 자체의 존재 방식에 따라 활동하기 때문에 생겨난 모든 일들은 각자에게 고유한 활동과 운명에 따라 생겨난 것이다.

그러므로 니고데모와 함께 배워야 한다. 육으로 난 것은 육이고 영으로 난 것은 영이다. 육이 영이 되거나 영이 육이 되지 못한다.

그래서 간단히 말해서 그들은 한 인격 안에 같이 존재할 수 있다. 이것들이 예수를 구성하는 것들이다. 즉 그는 육신 때문에 인간이시고 성령 때문에 신이신 것이다. 그래서 천사가 나타났을 때 천사는 예수의 영의 측면에 의거하여 그를 하나님의 아들로 공포한 것이고 "인자"의 칭호는 육신을 위해 남겨두었던 것이다. 사도도 역시 그를 하나님과 인간 사이의 중계자로 부르면서(딤전 2:5) 그의 이중적 본질을 확증하고 있다.

마지막으로 "하나님의 아들"이 "육"을 의미한다고 말하는 사람들이여 그러면 인자가 누구인지 우리에게 말해 보라. 그것은 분명히 영은 아닐 것이다. 그러나 당신들은 마치 "하나님의 영"이란 말이 성서에 없는 것처럼 "하나님은 영이시다"라는 구절만을 근거로 하여 "영"이 성부 자신을 의미한다고 주장하고 싶어한다. 그러나 성서에는 그 두 가지 표현이 모두 들어있고 같은 맥락에서 "말씀이 하나님이시다"라는 표현과 함께 "하나님의 말씀"이란 표현도 함께 들어있는 것이다(역자 주—Norris의 영어 번역이 불분명하기 때문에 PL 2. col. 216A를 직접 참조하여 번역했다).

그리스도의 육에 대하여

1장

(1) 부활 신앙은 이 유사(類似) 사두개(*Sadducees*) 집단의 출현 이전까지 아무 논쟁의 여지가 없이 굳건히 서 있었다. 그런데 이들은 부활의 희망은 육체와 아무 관계가 없다고 주장하면서 신자들의 마음을 동요시켰고 그리스도의 육체가 전혀 존재하지 않았다거나

또는 어떻게 해서든 그 육체가 인간의 육체와 전혀 다른 것이었다고 주장하면서 그리스도의 육체에 대하여 파괴적인 질문들을 만들어내었다. 그러나 그들의 주장에 반하여 만일 그리스도의 육체가 인간적이었다는 것이 확정된다면 그의 육체가 부활하였기 때문에 진실로 육체는 다시 일어나게 된다는 추정이 가능하게 되는 것이다. 따라서 이 사람들이 허물기 시작하는 바로 그 지점에서 우리는 육체를 변호해야 하는 것이다.

(2) 주님의 영적인 본질에 대한 문제는 이미 해결되었으므로 그의 육적인 본질을 자세히 관찰해 보자. 사람들이 그의 육체에 대해 계속 질문을 던지기 때문이다. 그들은 그것이 실제인지 그리고 그것이 무슨 성질을 가지고 있는지 묻고 있다. 그들은 그것이 존재했었는지 어디에서 나왔는지 무슨 종류의 것인지를 알고 싶어한다. 이에 대한 대답은 우리에게 부활이 어떤 의미를 가지고 있는지를 결정해 줄 것이다.

마르시온은 그리스도의 육체를 부인하기 위해 그의 출생을 부인하거나 아니면 그의 출생을 부인하기 위해 그의 육체를 부인했다. 육체없는 출생이 없고 출생없는 육체가 없기 때문에 그는 출생과 육체가 서로를 변호한다는 사실을 분명히 알고 있었다…

3장

(1) 마르시온이 스스로 이 문제에 대해 판결을 내릴 수 있다고 자부하는 것으로 볼 때 너는 출생이 하나님에게 "불가능"하다거나 "부적합"하다고 생각했음에 틀림없다.

그러나 하나님에게는 자신이 안하기로 결정하지 않는 한 아무것도 불가능한 것이 없다. 그래서 우선 그가 태어나지 않기로 결정했는지의 문제를 고찰해 보자(만일 그가 태어나기로 결정했다면 그는 그렇게 할 수 있었다. 그리고 사실이 그랬다).

개략적인 논증 방법을 택하겠다. 만일 하나님이 어떤 이유에서건 태어나지 않기로 결정했다면 그는 자신이 한 인간으로 보이게 하지는 않았을 것이다. 그를 인간으로 보는 누가 그가 태어났다는 것을 부인하겠는가? 분명히 하나님은 자신이 인간의 모습으로 보이도록 선택하지는 않았을 것이다.

(2) 누구나 자기들이 거부하는 것에 대해서는 그것의 외형이라도 거부한다(역자 주: 하나님이 출생을 거부했다면 인간의 모습도 거부하였을 것이라는 말). 왜냐하면 어떤 것이 실제로는 존재하지 않더라도 존재하는 것으로 추정될 경우에는 그것이 존재하느냐 존재하지 않느냐의 문제는 중요하지 않기 때문이다. 그러나 분명히 중요한 것은 하나님이 실제의 자기 모습이 아닌 것을 자기 것인 양 가짜로 취하실 수 없다는 점이다. 그러나 너는 이렇게 말한다. "그로서는 자신에 대한 자의식으로 충분하다. 사람들이 그를 인간으로 보기 때문에 그가 태어났다고 생각한다면 그것은 그 사람들의 잘못이다."

(3) 그가 실제로 태어났다면 그의 인성에 대해 확신하고 있는 사람들을 그가 더욱 귀중하게 그리고 더욱 일관성있게 대면할 수 있지 않겠는가? 반면에 그가 태어나지 않았다면 사람들은 그가 태어났다고 똑같은 확신을 가지고 있겠지만 자신에 대한 자의식은 해를 입게 될 것이다. 그가 태어나지도 않았으면서 자신에 대한 자의식에 반하여 사람들에게 자기가 태어났다고 믿게 했다면 우리는 그를 신뢰할 수 있겠는가? 말해보라. 그리스도에게 무슨 중요한 이유가 있었기에 그가 실제의 자기 자신을 알고 있으면서도 자기가 아닌 것으로 가장했겠는가?

(4) 너는 "만일 그가 태어났다면 그리고 참으로 인간을 옷 입었다면 그는 하나님이기를 중지했을 것이고 그가 아닌 것으로 변하는 과정에서 원래의 자기를 잃었을 것이다"라고 말할 수 없다. 왜냐하면 하나님은 자기의 본성을 잃을 위험이 없기 때문이다. 그러나 너

는 이렇게 말한다. "하나님이 인간이 되기 위해 태어나고 육체를 입는다는 것을 부인하는 이유는 끝이 없는 분은 변할 수 없기 때문이다. 어떤 것이 다른 것으로 변할 때는 원래의 것이 끝나는 것이기 때문이다."

(5) "따라서 다른 것으로 변한다는 것은 끝이 없는 존재의 경우에는 맞지 않는 것이다."

사실 가변적인 것들의 본성은 자체적 특성을 지속하지 않는다는 데 있다. 그래서 그것들은 지속하지 않기 때문에 소멸한다. 변화의 과정 속에서 원래의 모습을 잃어버리기 때문이다. 그러나 하나님의 경우는 전혀 딴 판이다. 그의 본성은 존재하는 모든 것들의 상태에서 멀리 떨어져 있다. 하나님으로부터 멀리 떨어져 있는 것들은 변화하는 과정에서 원래의 상태를 잃어버리게 된다. 그런데 하나님이 피조물의 본성과 반대되는 점 즉 하나님이 원래의 자기 상태를 지속하면서 동시에 모든 것으로 변하실 수 있다는 점을 제외하면 하나님과 피조물 사이에 무슨 차이가 남겠는가?

(6) 그렇지 않다면 하나님은 피조물과 같은 수준이 되어 변화할 때 원래의 상태를 잃어버렸을 것이다. 그러나 하나님은 모든 면에서 피조물과 같지 않기 때문에 변화의 결과에 있어서도 그것들과 전혀 같지 않다.

너는 창조주의 천사들이 인간의 모습으로 변하고 그들이 실제의 몸을 가지고 있으며 아브라함이 그들의 발을 씻기고 롯이 그들의 손에 이끌려 소돔 사람들로부터 구출되었다는 이야기를 읽고 또 믿었다. 또한 어느 천사가 몸의 온 힘을 동원하여 한 사람과 싸우다가 마침내는 자기를 붙들고 늘어지는 그 사람에게 자기를 놓아달라고 요구하였다는 것을 읽었다.

(7) 열등한 하나님의 천사들에게 허용된 것(역자 주—이것은 마르시온을 비꼬는 말이다. 구약의 하나님은 물질 세계와 관계를 가지고 있는 열등한 하나님), 즉 그들이 딱딱한 인간의 몸으로 변했

으면서도 계속 천사로 남아있을 수 있는 힘을 더욱 강하신 하나님에게는 허용하지 않는단 말인가? 마치 그리스도가 하나님으로 남아있으면서 동시에 진정한 인간을 입을 수 없다는 듯이 말이다. 아니면 그 천사들이 육체를 빌려 입은 귀신들로 나타났단 말인가? 너는 이것을 감히 주장할 수 없을 것이다. 왜냐하면 네가 창조주의 천사들이 그리스도와 같은 상태에 있는 것으로 인정한다면 그리스도는 그 천사들과 마찬가지로 같은 하나님에게 속한 것이기 때문이다.

(8) 네가 성서의 일부를 지워버리거나 변조(變造)시키지만 않았어도 요한복음이 이 시점에서 너의 말문을 막아버렸을 것이다. 요한복음은 성령이 비둘기의 몸(*corpore*)으로 내려와서 주님 위에 머물렀다고 기록하고 있다. 성령이 그런 상태로 있었다면 그것은 참으로 성령인 동시에 참으로 비둘기였다. 성령이 취하신 그 다른 본질이 자신의 고유한 본질을 파괴하지 않았다.

(9) 그러나 너는 "성령이 하늘로 다시 올라가신 후 지금 그 비둘기의 몸이 어디에 있느냐"고 묻는다. 이것은 천사들의 몸의 경우와 같다. 그 몸은 취해진 방법과 똑같은 방법으로 제거되었다. 그것이 무로부터 나온 것을 네가 안다면 그것이 다시 무로 돌아간 것도 역시 알 것이다. 그것의 가시적인 시작이 없었다면 가시적인 끝도 역시 없는 것이다. 그러나 몸이 나타났을 때는 확실히 몸이었다. 기록된 바가 바로 그것이었다.

4장

(1) 그래서 만일 하나님이 몸을 입는 것이 그렇게 불가능한 것도 아니고 위험한 것도 아니라면 남은 것은 그것이 하나님에게 부적합하기 때문에 그것을 거부한다는 것이다.

그러면 혐오의 대상인 출생 자체로부터 시작해서 네가 가진 목록(目錄)의 전체, 즉 자궁 속에 있는 생식력있는 정자의 더러움, 체

액(體液)과 피의 더러움, 9달 동안 그같은 오물(汚物)을 먹고 자라는 혐오스런 굳은 살 덩이 등을 훑어 내려가 보자. 자궁에 대해 설명하자면 그것은 매일같이 늘어나고 무겁고 거추장스럽고 잠잘 때도 불편하고 메스껍다가도 지나치게 배가 고프다. 아이를 낳는 여자의 수치(羞恥)를 논하자면 출산의 위험 때문에 존경스럽고 그 본질 때문에 거룩하기까지 한다.

(2) 분명히 너는 태반과 함께 세상에 나온 아기에 대해서도 공포를 느끼고 있다. 당연히 너는 아기를 씻기고 포대기를 씌우고 기름으로 씻기고 달콤한 말로 달래는 것에 대해서도 혐오감을 느끼고 있다. 마르시온아 너는 그런 자연의 숭배를 거부하고 있다. 그렇지 않은가? 그렇다면 너는 어떻게 태어났느냐? 너는 태어나는 인간을 혐오하고 있다? 어떻게 네가 사람을 사랑할 수 있겠느냐? 확실히 너는 네가 그리스도의 교회로부터 떠나고 그에 대한 믿음에서 떠났을 때 너 자신을 사랑하지 않았다. 그러나 네가 네 자신을 미워하거나 네가 다른 방식으로 태어났다면 그것은 네 문제로 족하다.

(3) 그리스도는 사람을 사랑하셨다. 더러움 가운데서 자궁 안에 뭉쳐있는 그 살덩이를 형언할 수 없는 기관들을 통해 이 세상으로 나온 그 피조물을 응석받이로 자란 그 아기를 사랑하셨다. 그를 위해 그리스도가 내려오셨다. 그를 위해 그리스도가 설교하셨다. 그를 위해 그리스도가 치욕을 당하며 죽기까지 십자가 위에서 죽기까지 자기를 낮추셨다. 분명히 그는 큰 대가를 치르며 구속한 자를 사랑하셨다. 만일 그리스도가 창조주에게 속했다면 그가 마땅히 사랑한 것은 자신의 창조물이었다. 만일 그가 어떤 다른 신에게서 왔다면 그는 더욱 크게 그들을 사랑한 것이 된다. 왜냐하면 그가 구속한 것은 그의 것이 아니기 때문이다. 따라서 그는 인간과 함께 인간의 출생을 심지어 인간의 육체까지 사랑하셨다.

존재하는 모든 것의 근거를 제공하는 것을 사랑하는 것 외에는 달리 어떤 것을 사랑하는 방법이 없다.

(4) 만일 달리 생각한다면 출생을 없애버리고서 인간을 내게 보이라. 육신을 없애고서 하나님이 구속한 자를 제시해 보라. 그런 것들이 하나님이 구속한 인간의 일부인데 너는 그가 구속한 것을 치욕스러운 것으로 생각하느냐? 그는 자기가 사랑하지 않은 것을 구속하시지 않았을 것이다. 너는 그것이 그분의 품격을 떨어뜨리는 것이라고 생각하는가? 그는 하늘의 재출생으로 우리의 출생을 다시 지으시고 죽음을 물리치셨다. 그는 우리의 육체를 질고(疾苦)로부터 해방하시기 위해 우리의 육체를 회복시키셨다. 그는 우리의 육체가 문둥병이 들었을 때 깨끗이 하셨고 소경일 때 빛을 주셨고 마비되었을 때 고쳐주셨고 귀신들렸을 때 귀신을 쫓아 내셨고 죽었을 때 일으키셨다. 그런데 그가 육체 가운데 나신 것을 부끄러워하시겠느냐?

(5) 그가 하늘나라를 선포하시기 위해 실제로 늑대나 양이나 소에게서 태어나고 어떤 야생동물이나 집짐승의 몸을 입기 원하셨다고 가정하자. 그 경우 너는 그를 이렇게 비난할 것이다. "이것은 하나님에게 맞지 않고 하나님의 아들에게 적합하지 않다. 그런 것을 믿는 사람은 모두 멍청이다." 우리가 하나님을 우리 자신의 이해에 입각하여 판단한다면 그것은 어리석은 것이다. 그러나 마르시온아 네가 이 구절을 잘라버리지 않았다면 잘 살펴보라. "하나님은 세상의 어리석은 것들을 택하여 지혜로운 것들을 부끄럽게 하셨다"(고전 1:27).

(6) 이 "어리석은 것들"이 무엇을 말하는 것인가? 참 하나님을 경배하는 것인가? 잘못을 배척하는 것인가? 정의 겸손 자비 인내 순수 안에서 훈련받는 것인가? 분명히 이런 것들은 "어리석은 것"이 아니다. 바울이 무슨 뜻으로 그런 말을 했는지 너 자신에게 물어보라(네가 이미 다 알고 있다고 생각하겠지만 말이다). 동정녀에게서 육신을 입고 태어나고 자연의 수치스러운 것들 속에서 헤매는 하나님을 믿는 것만큼 "어리석은" 것이 어디에 있겠는가?

(7) 어떤 사람들은 이것이 "어리석은 것들"이 아니라고 말할 수도 있다. 또는 하나님이 이 세상의 지혜를 꺾으시기 위해서 다른 방법들을 택하신다고 말할 수도 있다. 그러나 그리스도가 참으로 인간이 되셨다고 마르시온이 믿는 것보다 쥬피터가 황소나 백조가 되었다고 세상의 지혜가 더 쉽게 믿는다.

5장

(1) 더구나 그리스도의 출생에 못지않은 다른 어리석은 것들 즉 하나님의 불명예나 수난에 관계된 것들이 분명히 있다. 마르시온아 십자가에 달리신 하나님을 "상식"으로 부르든지 아니면 이 사건도 잘라내 버려라. 태어난 것과 죽는 것 중 어느 것이 하나님께 더 치욕이 되고 더 창피스러운 것인가? 육신을 입은 것인가 아니면 십자가를 진 것인가? 할례받은 것인가 아니면 십자가에 달린 것인가? 젖을 먹고 자란 것인가 아니면 묻힌 것인가? 말구유에 누운 것인가 아니면 무덤에 갇힌 것인가? 너는 이것들도 믿지 말아야 더 지혜있는 자가 될 텐데. 그러나 네가 하나님의 "어리석은 것들"을 믿고 이 세상에서 어리석게 되지 않으면 너는 지혜로운 자가 되지 못한다.

(2) 아니면 네가 그리스도의 고난을 잘라버리지 않은 이유가 그가 허깨비여서 그런 것들을 전혀 경험할 수 없었기 때문인가? 우리는 위에서 그가 가상적인 출생과 유년시절로 자신을 가장했을 수도 있다고 말했다. 그러나 진리의 살해자야 나에게 이것을 말해보라. 하나님이 진짜 십자가에 달리지 않으셨느냐? 진짜 십자가에 달리셨는데 진짜 죽지 않으셨느냐? 그리고 진짜 죽으셨는데 진짜 다시 사시지 않으셨느냐?

(3) 바울이 십자가에 달리신 그 한 분밖에는 알지 않기로 작정했다는 것이 거짓이란 말인가? 그가 그분을 매장된 것으로 잘못 말했

단 말인가? 그분이 다시 사셨다고 거짓말했단 말인가? 그렇다면 우리의 믿음도 거짓이 되고 그리스도로부터 우리가 바라는 모든 것도 거짓이 되는 것이다.

가장 악독한 자여, 왜 주님의 살해자들을 용서하는가? 만일 그리스도께서 진실로 아무 고난도 당하지 않으셨다고 한다면 그는 그들에게서도 아무 고난을 받지 않은 것이 된다. 온 세계의 유일한 희망을 없애버리지 마라! 왜 너는 믿음의 필수불가결한 치욕을 파괴하려고 하느냐? 하나님에게 부적당한 것이 우리에게는 필요한 것이다. 내가 나의 주님을 부끄러워하지 않을 때 나는 구원받는다. 그는 말씀하셨다. "누구든지 나를 부끄러워하면 나도 그를 부끄러워 할 것이다"(마 10:33).

(4) 나를 완전히 부끄러움 없는 행복하게 어리석은 자로 세우는 다른 치욕(恥辱)의 근거는 없다. 하나님의 아들은 십자가에 달리셨다. 그러나 그 사실이 치욕적이기 때문에 그것은 전혀 나에게 치욕이 아니다. 또한 하나님의 아들이 죽으셨다. 그러나 그것이 전혀 이치에 맞지 않기 때문에 그것은 사실로 믿어야 한다. 또 그는 장사지내신 후 죽은 자들 가운데서 일어나셨다. 그러나 그것은 불가능하기 때문에 확실한 사실이다.

(5) 만일 그리스도 자신이 사실이 아니라면 만일 그가 십자가에 달리고 죽고 묻히고 다시 일으켜질 육신, 즉 피가 퍼져있고 뼈로 지탱되고 힘줄로 얽혀있고 핏줄로 서로 연결되어 있는 우리의 이 육신을 가지지 않았다면 어떻게 그런 일들이 사실일 수가 있겠는가? 태어나고 죽는 것을 아는 육체 한 인간에게서 태어났기에 확실히 인간이고 결국 죽게 될 육체 이것이 바로 그리스도가 취하신 "인간"과 "인자"였다.

(6) 또한 만일 그리스도에게서 어떤 인간적인 것도 발견될 수 없다면 즉 그가 인간에게서 아무 것도 물려받지 않았다면 어떻게 그가 "인간"과 "인자"로 불렸다는 말인가? 마르시온아 그에 대한 대

답은 인간이 육체가 아닌 다른 어떤 것이든지 아니면 인간의 육체가 인간 이외의 다른 것으로부터 나온 것이든지 아니면 마리아가 인간이 아니든지 아니면 마르시온의 하나님이 인간이든지 그중 하나일 것이다. 위의 조건들 중 하나가 아니라면 그리스도는 육체없이 "인간"으로 불리거나 인간적인 부모없이 "인간의 아들/인자"로 불리지는 않았을 것이다. 이는 그가 성령없이 "하나님"으로 불리거나 성부 하나님없이 "하나님의 아들"로 불릴 수 없는 것과 마찬가지이다.

(7) 따라서 성서에 기록된 그의 이중적인 본질은 그가 인간인 동시에 하나님인 것을 말해 준다. 그는 인간으로서 태어났고 하나님으로서 태어나지 않았다. 그는 인간으로서 육체를 가졌고 하나님으로서 영적이다. 그는 인간으로서 나약했고 하나님으로서 강했다. 그는 인간으로서 죽었고 하나님으로서 살았다. 이 특별한 종류의 두 가지 신인의 존재 방식은 성령과 육체의 두 가지 본성의 동등한 실재로 확립되었다. 마찬가지로 하나님의 영의 강력한 힘은 그를 하나님으로 확립하였고 그의 고난은 그가 육체임을 보여주었다.

(8) 성령을 떠나서는 어떠한 강력한 일이 일어나지 않는다면 같은 논리로 육체를 떠나서는 어떤 고난도 있을 수 없다. 만일 고난을 가진 육체가 가짜라면 강력한 일들을 행하는 성령도 가짜이다. 왜 너는 너의 거짓말로 그리스도를 반으로 나누는가? 그는 완전하신 진리이셨다. 그것을 믿어라. 그는 자신의 어느 한 쪽의 능력에서 거짓말쟁이로 남는 대신 태어나는 것을 선택하셨다.

10장

(1) 이제 스스로 똑똑하다고 자부하는 또 다른 집단으로 눈을 돌리겠다. 그들은 육체가 된 것이 혼이라는 논리에 따라 그리스도의 육체가 혼으로 이루어져 있다고 주장하였다. 이런 견해의 결론은

혼이 육체라는 것 뿐만 아니라 육체가 혼의 성질들을 지니고 있는 만큼 혼이 육적이라는 것이다.

　이 경우에도 역시 나는 그들의 주장의 이유를 알아야겠다.

　혼을 구원하기 위해서는 그것을 자기 것으로 삼는 방법 밖에 없기 때문에 혼에게 구원을 베풀기 위해서 그리스도가 혼을 취하셨다고 가정하자. 이때 나는 그가 왜 혼의 성질을 지닌 육체를 입으시고 혼을 육체로 만드셨는지 도무지 이해가 가지 않는다. 혼을 육체로 만들지 않고서는 달리 혼에게 구원을 베풀 방법이 없단 말인가?

　(2) 그러나 그는 마침내 우리 혼들에게 즉 육적이지 않을 뿐만 아니라 육과 확연히 구분되는 혼들에게 구원을 베푸셨다. 그렇다면 그는 자신이 취하신 바로 그 혼, 육으로부터 나지 않은 자신의 혼을 더욱 더 확실히 구원하시지 않겠는가!

　더구나 그들은 그리스도가 육신을 구하기 위해서가 아니라 혼을 구하기 위해서만 오셨다고 가정한다. 이런 가정을 따른다면 우선 그가 오로지 혼만을 해방한다고 하면서 그것을 자기가 해방하지 않을 육신으로 만든다는 것이 얼마나 불합리한 것인가!

　(3) 둘째로 만일 그가 자기가 취한 혼을 매개로 하여 우리의 혼들을 해방시키려고 했다면 그의 혼은 우리의 혼이 가지고 있는 모든 것을 가져야 한다. 우리의 혼과 같은 형태의 혼을 가져야 한다. 그런데 우리의 비밀스런 혼의 형태가 어떤 것이든 간에 그것은 육의 형태와는 다르다. 또한 만일 그가 육적인 혼을 가지고 있었다면 그는 우리의 혼을 구원하지 못한 것이다. 우리의 혼은 육적이지 않기 때문이다.

5
오리겐

제일 원리(*On First Principles*)

2권 6장

(1) 이제 우리가 이 문제들을 모두 다루었으므로 우리 주님 구세주의 성육신의 주제로 되돌아 갈 시간이 되었다. 지금부터 다룰 주제는 어떻게 왜 그는 인간이 되셨는가이다. 우리의 제한적인 능력이 허락하는 한 우리는 우리의 이해에 근거하지 않고 하나님이 하신 일에 의거하여 신의 본성을 탐구하였다. 또한 우리는 같은 세심성을 가지고 그의 보이는 창조물들을 심사숙고하였고 믿음으로 그의 보이지 않는 창조물들을 연구하였다(인간은 나약한 존재이기 때문에 눈으로 모든 것을 감지하거나 이성으로 모든 것을 이해하는 것이 불가능하다. 그만큼 우리 인간들은 전체의 이성적 존재들 중에서 가장 나약하고 연약한 동물이다. 하늘에 있는 존재들이나 하늘 위의 존재들이 우리보다 더 우월하다). 그래서 우리에게 남은 것은 모든 피조물과 하나님 사이의 중간자(the mean), 중계자(the

mediator)를 찾는 것이다. 사도 바울은 그를 모든 피조 세계의 첫 열매로 부르고 있다.

우리는 또한 성서가 그의 위엄에 대해 이야기하는 바를 잘 알고 있다. 그는 "보이지 않는 하나님의 형상이고 모든 피조 세계의 첫 열매"이시다. 그리고 "만물이 그 안에서 창조되었다. 보이는 것들과 보이지 않는 것들 왕권이나 주권이나 권력이나 권세나 할 것 없이 모든 것이 그를 통해서 그리고 그 안에서 창조되었다. 그는 만물보다 먼저 계시고 만물은 그의 안에서 존속한다"(골 1:15-17). 또한 그는 만물의 머리가 되시고 성부 하나님만을 자신의 머리로 가지고 계신다(고전 11:3에 "그리스도의 머리는 하나님"이라고 씌어 있다). 또 우리는 "아들 이외에는 아버지를 아는 이가 없고 아버지 외에는 아들을 아는 이가 없다"(마 11:27)는 기록이 있는 것을 분명히 알고 있다. 지혜를 낳은 분이 아니고서는 누가 지혜를 알 수 있겠는가? 진리의 아버지가 아니고서는 누가 진리를 알겠는가? 로고스와 함께 존재했던 하나님 한 분이 아니고는 하나님에게서 나온 하나님의 본성을 즉 하나님의 로고스의 완전한 본성을 누가 확실히 알 수 있겠는가?(요 1:1 참조) 그래서 우리는 성부 이외에는 아무도 이 로고스를 이 이성을 이 지혜를 이 진리를 알 수 없다고 확신한다. 그래서 그에 대해 이렇게 기록되어 있다. "이 세상이라도 그 기록한 책들을 다 담아 두기에 부족하리라 생각한다"(요 21:25). 다시 말해서 하나님의 아들의 영광과 위엄을 다 기록할 수 없다는 말이다. 왜냐하면 주님의 영광에 관계된 것들을 글로 적는다는 것은 불가능하기 때문이다.

따라서 우리가 하나님의 아들의 본성에 대해 이 모든 것들을 생각할 때 우리는 모든 것보다 뛰어난 이 본성이 자신의 존귀한 위치를 버리고 한 인간이 되어 사람들 가운데 오셨다는 사실에 놀라움을 금치 못한다. "그의 입술에서 은혜가 넘쳐난다"(시 45:2)는 구절이 바로 그것을 증거하고 있고 하늘의 아버지께서 그에 대하여 증언하고 계시고 그가 행한 표적과 기적과 많은 능력들이 그 사실을 증명하고 있다. 그는 이런 신적인 현존을 자신의 몸을 통해 확연히 드러내시기 전에 벌써 자신의 선구자와 예비자로서 예언자들을 보내셨다. 그리고 자신이 하늘로 승천하신 후에는 거룩한 사도들을 온 세상에 두루 다니게 하셨다. 그들은 세리들과 무식한 어부들이지만 그의 신성의 능력으로 가득 채움을 받은 자들로서 모든 민족과 모든 나라들로부터 그를 신실하게 믿는 사람들을 모아들이기 위해 택함 받은 사람들이었다.

(2) 그러나 그가 행하신 무수한 기적들과 이적들 중에서 인간의 지성의 한계를 넘고 인간의 약한 이해력으로 파악할 길이 도저히 없는 경이로운 한 가지가 있다. 그것은 하나님의 지혜인 동시에 성부의 로고스인 그 신적인 위대한 능력 즉, 보이는 모든 것과 보이지 않는 모든 것을 창조하신 분이 유대 지방의 한 인간 안에서 제한(制限)되었다는 사실이다. 더 나아가 하나님의 지혜가 여자의 자궁에 들어가서 작은 아이로 태어나고 다른 아이들과 같이 울부짖었다는 사실이다.

또한 그가 "나의 영혼이 괴로워서 죽을 지경이다"(마 26:38; 막 14:34 참조)라고 고백하셨듯이 그는 죽음을 앞에 두고 괴로워하셨고 그리고 마침내는 우리가 가장 치욕적인 것으로 생각하는 종류의 죽음을 당하셨다(비록 사흘만에 죽은 자들 가운데서 다시 살아나셨지만 말이다). 우리는 그에게서 보통 인간들의 연약함과 전혀 다르지 않은 너무나 인간적인 특성들을 발견하게 되고 동시에 말로 형언할 수 없는 최고의 본성 즉 신에게나 적합한 신적인 특성들을 발견하게 된다. 그래서 우리 인간의 지성은 당혹감에 사로잡히고 놀라움에 압도되어서 어디로 가야 할지, 무슨 생각을 해야 할지, 어디로 돌아야 할지 모르게 된다. 인간의 지성이 하나님을 감지할 때 그것이 발견하는 것은 예상 외로 필멸의 존재이다. 그것이 한 인간을 생각할 때 그것이 보는 것은 예상 외로 정복된 죽음의 왕국으로부터 승전품들을 지니고 죽은 자들 가운데서 다시 돌아오는 분이다.

　그래서 우리는 한 주체 안에서 두 가지 본성이 드러날 수 있도록 완전한 두려움과 경외감을 가지고 그를 자세히 보아야 한다. 그래야 우리는 말로 형언할 수 없는 신적인 본질에 전혀 맞지 않는 엉뚱한 것을 귀속(歸屬)시키지 않게 되고 동시에 그의 행위와 활동이 기만적(欺瞞的)인 환상에 불과하다는 잘못된 판단을 하지 않게 된다. 이 모든 것을 사람들에게 공공연히 발표하고 말로 설명하는 것은 확실히 우리의 자격과 능력과 말의 권한을 훨씬 초과하는 것이다. 그러나 나는 그것이 거룩한 사도들의 능력도 초과했다고 생각한다. 사실 모든 것을 다 말했다 해도 이 신비를 설명하는 것은 하늘의 세력들을 포함하는 모든 피조 세계의 한계도 넘어설 것이다. 따라서 경솔하기 때문이 아니라 이 책의 구조가 그렇게 요구하기 때문에 우리는 이 문제에 대하여 될 수 있는 한 가장 적은 말을 사용하여 인간 이성의 일상적인 진술 대신 우리의 믿음의 내용을 설명하고 명백한 단정이 아닌 우리의 가정을 제시할 것이다.

　(3) 하나님의 독생자—우리가 위에서 가르친 대로 그를 통해 "보이는 것과 보이지 않는 모든 것들이 창조되었다"(골 1:16)—는 성서가 증거하는 대로 모든 것들을 만드셨고 그가 만든 것을 사랑하신다. 그 자신이 "보이지 않는 하나님의 형상"(골 1:15)이시기 때문에 그는 보이지 않게 모든 이성적 피조물들이 자신에게 참여하도록 하셨다. 각 피조물은 사랑의 감정을 가지고 그에게 접근하는 정도에 따라 이에 합당한 정도의 참여를 그에게서 제공받는다. 그러나 각 지성은 자유 선택의 능력을 가지고 있기 때문에 각자가 다양한 선택을 한다. 그래서 어떤 것은 창조자를 향해 더욱 불타는 사랑을 지니고 다른 것은 엷고 약한 사랑을 지닌다.

　그러나 예수가 "아무도 나에게서 나의 혼을 빼앗아 가지 못할 것이다"(요 10:18)라고 말씀하셨을 때의 그 혼은 창조된 때로부터 내

내 그에게 즉 하나님의 지혜와 로고스에게 진리와 참 빛에게 분리될 수 없을 정도로 집요하게 붙어 있었다. 그것은 총괄적으로 로고스의 전부를 수여받았고 그의 빛과 그의 영광 속으로 들어갔다. 그래서 사도 바울이 이 혼을 모방하도록 부름받은 사람들에게 "주님과 합하는 사람은 그와 한 영이 된다"(고전 6:17)고 약속했던 것처럼 그 혼은 정확한 의미에서 그와 한 영이 되었다.

따라서 하나님과 육 사이를 중계하는 이 혼을 통해—중계자 없이 신성이 직접 몸과 섞이는 것은 불가능하다—우리가 이미 말한 대로 하나님은 인간으로 태어나셨다. 하나님은 이 본체 즉, 혼을 중계자로 삼으심으로써 몸을 취하는 것이 그의 본성에 어긋나는 것이 되지 않게 하셨다. 그러나 그 혼은 원래 이성적인 것이기 때문에 그것이 하나님을 받아들이는 것이 자기의 본성에 반대되는 것은 아니었다. 우리가 위에서 언급한 대로 그것은 로고스와 지혜와 완전한 진리로서 이미 하나님 속으로 들어갔다. 따라서 그것이 하나님의 아들 속에 전적으로 존재했다는 사실로 미루어 볼 때 또는 하나님의 아들을 전적으로 자신에게 받아들인 사실로 볼 때 그 혼은 그것이 취한 육과 함께 하나님의 아들 하나님의 능력 그리스도 하나님의 지혜로 정당하게 불릴 수 있다. 그리고 반대로 자기를 통해 모든 것을 창조한 하나님의 아들은 예수 그리스도와 인간의 아들로 불릴 수 있다. 왜냐하면 하나님의 아들은 실제로 죽음을 당할 수 있는 본성에 의거하여 돌아가셨다고 말해지고 동시에 성부 하나님의 영광 가운데 거룩한 천사들과 함께 오신다고 선언된 인자로 불리기 때문이다. 그래서 성서 전체에 걸쳐 신성이 인간에게 적합한 용어로 자주 표현되고 있고 인성이 보통 하나님에게나 적용되는 칭호로 자주 불리는 것이다. "그 둘이 한 육체 안에 있게 되고 그들은 더 이상 둘이 아니라 한 육체가 될 것이다"(창 2:24)라는 말씀이 다름 아닌 이 경우에 더욱 적합하게 사용될 수 있을 것이다. 우리는 남자가 여자와 함께 한 육체 안에 있는 것보다 더욱 더 진실하게 하나님의 로고스가 예수의 혼과 함께 "한 육체 안에" 있다고 추정할 수밖에 없다. 더구나 예수의 혼이 아니면 어떤 것이 하나님과 함께 "한 영"이 되었다고 불릴 수 있겠는가? 이 혼은 지극한 사랑으로 하나님과 결합함으로 인해 그와 "한 영"이 되었다고 정당하게 불리는 것이다.

(4) 그 혼은 칭찬할 만한 정도의 완전한 사랑과 고결함을 통해 하나님과의 분리될 수 없는 연합을 이루었다. 따라서 하나님이 그 혼을 취하신 것은 우연이나 편애의 경우가 아니다. 그것은 그 혼의 공덕 때문에 부여된 것이다. 우리는 예언자가 바로 그 혼에 대해 이렇게 이야기하는 것을 듣는다. "당신은 정의를 사랑하고 악을 미워하셨습니다. 그러니 하나님 당신의 하나님께서 기쁨의 기름으로 다른 동료보다는 당신에게 기름부어 주셨습니다"(시 45:7). 이것은 그 혼이 사랑 때문에 기쁨의 기름으로 기름부음을 받았다는 것을 의미한다. 다른 말로 하면 그리스도의 혼과 하나님의 로고스가 함께 "기름부음을 받은 자"가 되었다는 뜻이다. 왜냐하면 "기쁨의 기름으로" 기름부음 받는다는 말은 성령으로 충만함을 받는다는 말과 다른 것이 아니기 때문이다. 더구나 "다른 동료보다는"이란 표현은 이 혼이 예언자들의 경우와 같이 단순히 성령의 은총을 받는다는 것을 지칭하는 것이 아니고 사도가 "그 안에서는 하나님의 모든 신성이 몸이 되어 충만히 머물러 있다"(골 2:9)고 말했듯이 하나님의 로고스가 그야말로 충만하게 그 안에 머물러 있다는 사실을 지칭하는 것이다.

이 때문에 예언자는 "당신은 정의를 사랑하였고"라는 말 뿐만 아니라 "악을 미워하셨습니다"라는 말을 덧붙인 것이다. "악을 미워하는 것"은 성서가 그에 대해 설명할 때 사용한 표현이었다. "그는 죄를 짓지 않았고 그의 입에는 사악한 것이 전혀 없었다"(사 53:9). "그는 모든 면에서 우리와 같이 시험을 당하셨지만 죄를 짓지 않으셨다"(히 4:15). 또한 주님도 말씀하셨다. "너희 가운데서 누가 나에게서 죄가 있다고 단정하느냐?"(요 8:46) 또 이렇게 말씀하셨다: "보라. 이 세상의 통치자가 오고 있다. 그러나 그는 나에게서 아무것도 찾지 못한다"(요 14:30). 이 본문들은 그리스도 안에는 아무런 죄의식이 없다는 사실을 지적한다. 죄가 절대 그 안에 들어가지 못했다는 점을 더욱 분명히 강조하기 위해 예언자는 이렇게 말했다. "그 아이가 아버지나 어머니의 이름을 부를 줄 알기도 전에 그는 사악함으로부터 자신을 멀리했다"(사 7:16; 8:4).

(5) 우리가 위에서 설명한 대로 그리스도에게는 이성적 혼이 있기 때문에 거기에서 자연히 문제가 발생할 소지가 있는 것으로 보인다. 우리는 수 차례에 걸쳐 혼은 선과 악을 모두 선택할 수 있는 선천적인 능력을 가지고 있다는 것을 증명하였다. 그러나 이 경우에 발생하는 문제점이 다음과 같은 방식으로 해결될 수 있다.

그리스도의 혼이 가지는 본성과 다른 혼이 가지는 본성이 서로 같다는 것은 의심의 여지가 없다. 만일 그리스도의 혼이 실제로 혼이 아니라면 그런 이름으로 불릴 수 조차 없었을 것이다. 그러나 선과 악을 선택할 능력이 모든 혼에 들어있는 고로 그리스도에 속한 이 혼도 양쪽 중 어느 것이나 선택할 능력이 있었다. 그런데 그리스도의 혼은 특별하게 정의를 사랑하기를 선택하였고 정의는 그의 한없는 사랑에 비례하여 그 안에서 변함없이 그리고 분리됨 없이 뿌리를 내렸다. 결국 그런 확고한 의지와 심오한 애착과 꺼지지 않는 사랑의 열기는 그에게서 변화나 변질을 경험할 가능성을 제거해 버렸다. 또 지금까지 선택에 의해 이루어진 것이 오랫동안의 습관으로 형성된 애착을 통해 본성으로 변해버렸다. 그래서 우리는 진실로 그리스도가 인간의 이성적 혼을 가지셨다고 믿는 동시에 그에게서 어떤 죄의식이나 죄의 가능성이 발견되지 않는다는 것을 믿어야 한다.

(6) 그러나 이 문제를 더욱 충실하게 설명하기 위해 비유를 사용하는 것도 사리에 어긋난다고 생각하지 않는다. 비록 이렇게 힘들

고 어려운 문제에 대해서는 적절한 설명을 찾아내는 것이 우리의 능력 안에 있지 않지만 말이다. 하지만 이런 어려움을 차치하고서 이야기를 전개하자면 쇠는 온기와 열기를 모두 받아들일 수 있다. 불 속에 항상 놓여있는 어떤 쇠덩이를 생각해 보라. 그것은 자체의 모든 미세구멍을 통해 불을 받아들이고 마침내는 자기가 완전히 불로 변한다.

불이 한번도 쇠를 떠나지 않고 쇠가 불로부터 전혀 분리되지 않는다면 어떤 일이 벌어지는가? 분명히 본질상 쇠의 성질을 가지고 있는 것이 불 속에서 계속 타고 있는데 그것이 어느 한 순간 냉기를 얻게 될 수 있다고 말할 수 있는가? 그와는 반대로 우리는 이렇게 진리에 가까운 말을 할 수밖에 없다. 우리가 대장간에서 일어나고 있는 일을 우리의 눈으로 자주 목격하는 바와 같이 이 쇠는 완전히 불로 변한다. 그래서 우리는 그 쇠에게서 불 이외의 다른 것을 보지 못하고 더 나아가 그것을 만지려는 사람은 누구나 쇠의 성질이 아닌 불의 성질을 경험하게 된다. 따라서 그 혼은 마치 불 속에 놓인 쇠와 같이 로고스 지혜 하나님 안에 계속 놓여있기 때문에 자신의 모든 활동과 모든 느낌과 모든 지각에서 하나님으로 판명된다. 결국 그것은 절대 가변적이라거나 변덕스럽다고 불릴 수 없게 된 것이다. 그것은 하나님의 로고스와의 결합으로 인해 끊임없이 연소되기 때문에 불변성을 얻은 것이다.

물론 우리는 하나님의 로고스의 열기 중 일부가 모든 거룩한 백성들에게 전달되었다고 추정해야 한다. 그러나 우리는 그 신적인 불 자체가 완전한 임재로서 이 혼 위에 임했고 그리고 이것으로부터 파생된 열기가 부분적으로 다른 사람들에게 전달되었다고 믿지 않을 수 없다.

마지막으로 "하나님 당신의 하나님께서 기쁨의 기름으로 다른 동료보다는 당신에게 기름 부어 주셨습니다"라는 본문은 이 혼이 "동료들"(거룩한 예언자들과 사도들)이 기름부음을 받은 것과는 전혀 다른 방식으로 "기쁨의 기름"(하나님의 로고스와 지혜)으로 기름부음을 받았다는 것을 보여준다. 그의 동료들은 "그의 향기름 냄새"(아 1:3)를 따라 다닌 자들이지만 이 혼은 향기름 자체를 담은 병이었고 예언자들과 사도들은 그로부터 나오는 향기를 함께 누릴 영광을 얻은 자들이었다. 따라서 향기름 자체와 향기가 서로 다른 것인 만큼 그리스도와 그에게 참여한 자들은 서로 다른 것이었다. 향기름 냄새를 함께 누리는 사람들이 그 기름으로부터 너무 멀리 떨어지면 향기를 압도하는 불쾌한 냄새를 얻게 될 수는 있어도 향기름을 담은 병 자체가 불쾌한 냄새를 취득할 수는 없다. 마찬가지로 그리스도에 참여한 자들은 향기를 뿜어내는 병에 가까이 가는 정도에 따라 그의 향기를 받아 누릴 수 있게 되지만 진실한 기름이 담긴 병 자체인 그리스도는 도저히 다른 냄새를 취득할 수 없는 것이다.

내가 생각하기로는 예레미야 선지자도 그리스도가 세상을 구원하기 위해 몸소 취하신 혼의 본성과 그리스도 안에 있는 신적인 지혜의 본성을 잘 이해하고 있었다. 그래서 그는 이렇게 말했던 것이다: "주님 그리스도는 우리 얼굴의 영이시다(역자 주: Spirit은 숨 또는 생기(生氣)로도 번역이 가능하다). 우리는 그에게 우리가 뭇 민족 가운데 그의 그늘 아래서 살 것이라고 말하였다"(애 4:20). 우리의 몸 그림자가 몸 자체와 분리될 수 없다는 사실에 주목하라. 그림자는 몸의 움직임과 몸짓을 변형없이 그대로 따라한다. 나는 여기서 예레미야가 그리스도의 혼의 작용과 활동을 의미하려 했던 것으로 생각한다. 그리스도의 혼은 너무나 확고히 로고스에 붙어 있어서 그의 움직임과 의지에 따라 모든 것을 행한다는 것이다. 그래서 예레미야는 이 혼을 "우리가 뭇 민족 가운데 사는" "주님 그리스도"의 "그늘"로 이해하였다. 민족들은 로고스가 이 혼을 취하는 신비 속에 살고 있다. 그들이 믿음을 가지고 그것을 모방할 때 그들은 구원에 이르는 것이다.

다윗도 같은 종류의 것을 암시하는 것으로 보이는데 그는 이렇게 말한다. "주님 당신의 기름부음 받은 자의 위치에 있는 나를 그들이 욕하는 것을 돌아보아 주십시오"(시 89:50-51). 그리고 바울도 그것을 인식하면서 이렇게 썼다. "여러분의 생명은 그리스도와 함께 하나님 안에 감추어져 있다"(골 3:3). 그는 다른 곳에서 "너희는 그리스도께서 내 안에서 말씀하고 계시다는 증거를 구하느냐?"(고후 13:3)라고 말한 것이 사실이지만 여기서는 그리스도께서 "하나님 안에 감추어져 있다"고 말을 한다. 만일 이 본문의 말하고자 하는 요점이 예언자가 그리스도의 "그늘"을 통해 전달하려는 것과 같지 않다면 아마도 그것은 인간의 지력이 감당할 만한 수준을 초월하는 것 같다. 그러나 우리는 성서에서 그늘에 관한 다른 수많은 언급들을 발견한다. 예를 들어 누가복음에서 가브리엘이 마리아에게 이렇게 말한다. "주님의 영이 네 위에 임하고 가장 높으신 이의 능력이 너를 덮을 것이다"(눅 1:35). 또한 사도는 율법에 대하여 육적인 할례를 받은 사람들은 "하늘의 것들의 모양과 그림자를 섬긴다"(히 8:5)고 말하고 있다. 그리고 다른 곳에도 이런 말씀이 기록되어 있다: "우리의 삶이 땅 위의 그림자가 아닌가?"(욥 8:9 참조) 그래서 "땅 위에" 있는 율법은 그림자이고 "땅 위에" 있는 우리의 온 생애도 그림자이고 우리는 그리스도의 그늘 아래서 "민족들 가운데서 사는 것"이다.

이 모든 그림자들의 진리가 계시를 통해 알려지게 되는데 그 계시는 성도들이 더 이상 "거울을 통해 희미하게" 보는 것이 아니라 "얼굴을 대면하여" 하나님의 영광을 보고 만물의 근원과 진리를 명상하게 될 때 가능하게 된다. 사도 바울은 성령을 통해 그 진리를 어렴풋이 전해 받고 이렇게 말했다. "이전에는 우리가 그리스도를 육신을 따라 알았지만 이제는 그를 그렇게 알지 않는다"(고후 5:16).

이것들이 우리가 그리스도의 성육신과 신성에 대한 이 어려운 문제들을 접할 때 우리의 마음속으로 진행해 들어오는 생각들이다. 만일 누군가 더 좋은 생각을 제시하고 자신의 생각을 더욱 분명한 성서의 말씀들에 의지하여 증명할 수 있다면 우리가 지금까지 쓴 것 대신에 그것을 수용하기 바란다.

6

아타나시우스

아리우스주의자들에 대한 반박문

3권

(1) 생각해 보라. 그들은 복음서에 나타난 주님의 인간적 특성들을 보고 들을 때 바로의 뒤를 좇아 불경건함에 지침이 없이 마음이 굳어진 사람들처럼 사모사타의 사람들처럼(역자 주―역농적 군주론을 주창한 사모사타의 바울을 따르는 사람들) 아들의 부계적(父系的) 신성을 완전히 망각하고 있다. 그들은 뻔뻔스럽게 묻는다. "'모든 권세가 나에게 주어졌다'(마 28:18) '아버지는 아무도 심판하시지 않고 모든 심판을 아들에게 넘기셨다'(요 5:22) '아버지는 아들을 사랑하셔서 모든 것을 그의 손에 맡기셨다. 아들을 믿는 자는 영생이 있다'(요 3:35-36) '아버지께서 모든 것을 나에게 맡기셨다. 그리고 아들과 아들에게서 계시를 받는 사람 외에는 아버지를 아는 이가 없다'(마 11:27) '아버지께서 나에게 주신 모든 것이 나에게로 온다'(요 6:37)고 아들이 말하고 있는데 어떻게 그가 아버

지와 같은 본성과 같은 본질을 가질 수 있는가?" 그리고 나서 그들은 이렇게 덧붙인다. "당신이 주장하는 대로 만일 그가 본성상 아들이라면 그는 아무 것도 받을 필요가 없고 원래의 아들로서 그것들을 이미 소유하고 있었을 것이다."

"더구나 고난받을 때 이런 말을 한 그가 어떻게 본성상 그리고 참으로 아버지의 능력일 수가 있는가? 그는 이렇게 말했다. '지금 나의 혼이 괴롭다. 내가 무슨 말을 해야 할까? 아버지여, 나를 이 때로부터 구해 주십시오. 그러나 이를 위해 내가 이 때 왔습니다. 아버지여 아버지의 이름을 영화롭게 하여 주십시오.' 그때 하늘에서 소리가 들려왔다. '내가 이미 그것을 영화롭게 하였고 다시 영화롭게 하겠다'(요 12:27-28). 그는 다른 곳에서 같은 주장을 했다. '아버지여 할 수 있으면 이 잔을 내게서 지나가게 해 주십시오'(마 26:39). 그리고 '예수가 말을 할 때 그의 영이 괴로웠다. 그는 이렇게 증언했다. 진실로 진실로 너희에게 이른다. 너희 중 하나가 나를 배신할 것이다'"(요 13:21). 또한 이 악독한 사람들은 이렇게 주장한다: "그가 힘이 있었다면 두려워하지 않았을 뿐만 아니라 그 힘을 다른 사람들에게도 전달했을 것이다."

그들은 계속 말한다. "만일 그가 본성상 하나님의 고유한 참된 지혜라면 어떻게 이런 말씀이 기록될 수 있는가? '그리고 예수는 지혜와 키가 자라며 하나님과 사람에게 은총을 받았다'(눅 2:52) '가이사랴 빌립보 지방에 오시면서 그는 제자들에게 사람들이 자기를 무엇이라 하드냐고 물으셨다'(마 16:13). 또한 그가 베다니로 오셨을 때 나사로가 어디에 묻혔냐고 물으셨고 나중에 제자들에게 '빵 몇 덩이를 가지고 있느냐?'(막 6:38)고 물으셨다. 그런데 이런 사람이 즉 지혜가 자라고 다른 사람들에게 모르는 것을 물어보는 이런 사람이 어떻게 지혜일 수가 있는가?"

그들은 계속 이렇게 질문한다. "어떻게 그가 하나님의 고유한 로고스일 수가 있는가? 그 없이 아버지가 존재한 적이 없고 네가 주장하는 대로 그를 통해 아버지가 만물을 창조하셨다는 바로 그런 사람이 십자가 위해서 '나의 하나님 나의 하나님 어찌하여 나를 버리셨습니까'(마 27:46)라고 기도를 하는가? 그는 이런 기도를 하기 전에도 '당신의 이름을 영화롭게 하여 주십시오'(요 12:28) 그리고 '아버지 창세 전에 내가 아버지와 함께 누리던 그 영광으로 나를 영광되게 하여 주십시오'(요 17:5)하고 기도한 적이 있다. 또 그는 한적한 곳에서 기도하곤 하였고 제자들에게도 시험에 들지 않게 기도하라고 가르쳤다. 또 그는 '영은 원하지만 육신이 약하구나'(마 26:41) '아무도 그 날과 그 시를 알지 못한다. 천사들도 아들도 모른다'"(막 13:32)라고 하였다.

이 불쌍한 자들은 이렇게 말한다. "만일 네가 주장하는 대로 아들이 영원히 하나님과 함께 계셨다는 것이 사실이라면 그는 그 날을 모르는 것이 아니라 로고스로서 그 날을 잘 알고 있었을 것이다. 그리고 하나님과 함께 존재하는 자는 버림을 받지 않았을 것이고 이미 아버지 안에서 영광을 소유했기 때문에 그것을 달라고 요청하지도 않았을 것이고 기도 같은 것은 절대 하지 않았을 것이다. 그는 로고스이기 때문에 아무 것도 부족하지 않았을 것이다. 그러나 사실 그는 인간이고 창조된 것 중의 하나였기 때문에 그런 식으로 말을 했고 자기에게 없는 것을 요구했던 것이다. 왜냐하면 요청을 하고 가지지 않은 것을 필요로 하는 것이 인간의 특성이기 때문이다."

(27) 이것이 이 불경스런 자들이 입을 열어 지껄인 내용이다.

그러나 그들이 이런 식으로 논쟁을 전개한다면 그들은 경솔함을 한 층 더해 "도대체 왜 로고스는 육신이 되었는가?"를 물어야 한다. 그리고 이런 질문에 덧붙여 "어떻게 그는 하나님이면서 인간이 될 수 있는가? 어떻게 비물질적인 것이 몸을 가질 수 있단 말인가?"라는 질문을 해야 할 것이다. 아니면 가야바 식의 유대화된 질문인 "그리스도는 인간이면서 무슨 근거로 자기를 하나님으로 만드는 것인가?"라는 질문을 할 법도 하다(요 10:33 참조).

이런 것들이 바로 유대인들이 옛날에 그리스도를 바라보며 중얼거렸던 것들이고 현재에도 아리우스에 미친 자들(Ariomaniacs)이 그런 질문들을 해대며 그에 대한 기록을 불신하고 신성모독을 일삼고 있다. 만일 누군가 양쪽 사람들의 주장들을 서로 옆에 놓고 비교한다면 그들이 한 가지 공통점을 가지고 있는 것을 발견하게 될 것이다. 그들은 뻔뻔스런 불경죄를 저지르면서 우리를 대적하기 위해 공동 전선을 구축하고 있다.

유대인들은 종종 "어떻게 인간이 하나님이 될 수 있는가?"라고 묻고 아리우스주의자들은 "만일 그가 참 하나님으로부터의 참 하나님이라면 어떻게 사람이 될 수 있었는가?"라고 묻는다. 또한 유대인들은 "그가 하나님의 아들이었다면 십자가에 달리지 않았을 것이다"라고 조롱하면서 공격을 하고 아리우스주의자들은 반대편 극단에 서서 "몸을 가지고 이런 것들을 겪는 사람이 성부의 본질에 속하는 로고스라고 어떻게 감히 주장하느냐?"하고 말한다. 유대인들은 "그가 하나님을 자기의 아버지라고 공언하였고" 아버지가 하는 일을 자기도 똑같이 한다고 하면서 "자신을 하나님과 동격으로 올려놓았기"(요 5:18) 때문에 주님을 죽이려 하였다. 아리우스주의자들도 그는 하나님과 동등하지 못하고 본질상 하나님은 로고스의 고유한 아버지가 아니라고 주장하면서 그들에 반대하는 자들을 죽이려 하고 있다. 또 유대인들은 이렇게 말한다. "이는 요셉의 아들이 아닌가? 그의 아버지와 어머니를 우리가 알고 있지 않은가?(요 6:42) 그런데 어떻게 해서 그가 '아브라함이 태어나기 전에 내가 있었고 나는 하늘에서 내려왔다'(요 8:58)고 말하는 것인가?" 아리우스주의자들도 같은 논조로 말을 한다. "잠을 자고 울고 질문을 하는 자가 어떻게 로고스나 하나님이 될 수 있는가?" 이 두 부류의 사람들은 로고스가 스스로 취하신 육신 때문에 감당해야 했던 인간의 속성들을 이유로 로고스의 영원성과 신성을 부인한다.

(28) 이런 종류의 광기는 반역자 유다가 유대인인 것에서 드러나듯이 완전히 유대적이다. 따라서 그들은 공개적으로 자기들이 가야바와 헤롯의 제자들이라고 고백을 해야 하고 기독교의 이름으로 유대교를 위장시키는 일을 중지해야 한다. 그리고 그들은 우리가 이미 말한 바와 같이 주님이 육신으로 나타나신 것을 완전히 부인하던지(이것이 그들의 이단과 어울리는 견해이다) 아니면—그들이 콘스탄티우스(Constantius)와 그들이 잘못 이끌었던 사람들을 불쾌하게 할까봐 공개적으로 유대인 행세를 하거나 할례받는 것을 두려워한다면—그들은 적어도 유대인들이 주장한 것을 되풀이하지 말아야 한다. 왜냐하면 그들이 유대인이란 이름을 거부한다면 당연히 그들의 생각에서도 돌아서는 것이 옳기 때문이다.

너희 아리우스주의자들아, 우리는 기독교인이다! 우리는 기독교인들이다. 우리가 주님을 증거하는 복음서들을 자세히 아는 것은 당연하다. 우리는 그의 신성과 영원성을 대할 때 그를 돌로 치는 유대인들에 합류해서는 안된다. 또 그가 인간으로서 우리를 위해 말씀하신 고상스럽지 못한 어구들에 대해서도 너희들 모양으로 감정이 상해서도 안된다. 너희도 역시 기독교인이 되고 싶으면 너희에게서 아리우스의 광기를 제거하고 신성모독으로 더럽혀진 너희의 귀를 경건한 언어로 청소해야 한다. 네가 아리우스주의자가 되기를 중지할 때 유대인들의 어리석음을 따르는 것도 중지하게 된다는 것을 알아야 한다. 그러면 빛이 어둠 가운데서 비치는 것과 같이 진리가 즉시 너에게 빛을 비추기 시작할 것이다.

그리고 너는 더 이상 우리가 "영원한 두 존재"를 주장한다고 비난하지 않을 것이다. 그 반대로 너는 주님이 하나님의 원래의 참 아들이고 그가 영원하실 뿐만 아니라 영원한 성부와 함께 동시에 존재하는 분이라는 것을 이해하게 될 것이다. 그가 창조하신 것 중에 "영원한" 것으로 불리는 것들이 있는데 시편 23장에 이렇게 쓰여 있다. "치리자들아 너의 문을 열어라. 영원한 문들아 활짝 열려라"(시 24:7). 그러나 이 영원한 문들도 그를 통해 창조된 것이 분명하다. 만일 그가 "영원한" 것들의 창조자라면 그가 이 영원한 것들보다 더 위대하고 그의 영원성 때문이 아닌 하나님의 아들됨 때문에 주님으로 알려졌다는 것을 누가 의심할 수 있겠는가? 그는 아들이기 때문에 아버지로부터 분리될 수 없고 그가 존재하지 않았던 "때"는 없었다. 그는 항상 존재했다. 더구나 그는 아버지의 형상과 광채이기 때문에 그도 역시 아버지의 영원성을 소유한 것이다.

이상의 간단한 설명을 통해 볼 때 아리우스주의자들은 자기들이 증거로 내세우는 본문들을 잘못 이해하고 있는 것이 명백하다. 더 나아가 그들은 자기들이 제시하는 복음서의 본문들에 의해 자기들이 잘못된 이해를 가지고 있다는 사실이 판명되었다. 우리는 우리 기독교인들에 속한 기본적인 믿음의 의미를 부여잡고 그것을 척도로서 사용하며 사도가 말씀했듯이 "성령으로 감동된 성서를 읽는 것에 전념"(딤전 4:13)하고 있다. 그런데 그리스도의 대적자들은 기본적인 믿음의 의미를 모르기 때문에 "마땅히 생각해야 할 이상의 것을"(롬 12:3) 생각하다가 "진리의 길에서 벗어났고"(잠 5:6) "걸림돌 위에 걸려 넘어졌다"(롬 9:32).

(29) 성서의 기본적인 의미와 목적이 무엇인가? 우리가 종종 이야기하듯이 성서는 구세주에 대한 두 가지의 진술을 포함하고 있다. 성서는 항상 그가 하나님이고 동시에 아들이라고 말한다. 이는 그가 하나님의 로고스이고 광채이고 지혜이기 때문이다. 또한 성서는 그가 마침내 인간이 되시고 우리를 위하여 하나님의 어머니(theotokos)인 동정녀 마리아에게서 육체를 취하셨다고 말한다.

우리는 이 가르침이 성서 전체에 퍼져있는 것을 발견하는데 주님께서도 "성서를 열심히 연구하라. 그것이 나에 대하여 증언하는 것이기 때문이다"(요 5:39)라고 말씀하셨다. 관련된 본문들을 과다하게 끌어 모아서 지나친 분량의 글이 되게 하지 않기 위해 요한을 대표로 언급하는 것으로 만족하고자 한다. 그는 이렇게 말한다. "태초에 로고스가 계셨다. 그 로고스는 하나님과 함께 계셨고 로고스가 하나님이셨다. 그는 태초에 하나님과 함께 계셨다. 만물이 그로 말미암아 생겨났으니 그가 없이 생겨난 것은 하나도 없다"(요 1:1-3). 그는 계속하여 이렇게 말한다. "그런데 그 로고스가 육신이 되어 우리 가운데 머무셨다. 우리는 그의 영광을 보았다. 그 영광은 아버지로부터 나신 독생자의 영광이었다"(요 1:14). 그리고 바울은 이렇게 말한다. "그는 하나님의 모습을 지니셨으나 하나님과 동등함을 당연하게 생각하지 않으시고 오히려 자기를 비워서 종의 모습을 취하시고 사람과 같이 되셨다. 그는 사람의 모양으로 나타나셔서 자기를 낮추시고 죽기까지 순종하셨으니 곧 십자가에 죽기까지 하셨다"(빌 2:6-8).

이 본문의 의미를 마음에 두고 성경 전체를 읽어 내려가는 사람은 누구나 그 본문이 말하는 것에 기초하여 태초에 성부가 성자에게 하신 말씀을 떠올리게 된다. "빛이 있으라"(창 1:3). "창공이 있으라"(창 1:6). 그리고 "우리가 함께 사람을 만들자"(창 1:26). 그러나 시대의 끝에 "세상을 심판하시기 위해서가 아니라 그를 통해 세상을 구원하시기 위해서"(요 3:17) 성부는 성자를 세상 가운데 보내셨다. 그래서 이렇게 기록되어 있는 것이다. "보라. 처녀가 잉태하여 아들을 낳을 것이다. 그의 이름은 임마누엘로 불릴 것인데 번역을 하면 '하나님이 우리와 함께 계신다'는 뜻이다"(마 1:23).

(30) 그래서 만일 누가 성서를 연구하기를 원한다면 그는 옛 작가들로부터 성서가 무엇을 이야기하는지를 배워야 하지만 복음서들로부터는 한 인간이 되신 주님을 볼 줄 알아야 한다. 왜냐하면 요한이 말하기를 "말씀이 육신이 되어 우리 가운데 머무셨다"(요 1:14)고 했기 때문이다.

그는 인간이 되셨다. 그가 한 인간 속으로 들어가신 것이 아니었다. 이점을 아는 것이 매우 중요하다. 그렇지 않으면 이 불경건한 사람들이 다시 이 오류에 빠져서 다른 사람들을 미혹할 것이고 이렇게 미혹당한 사람들은 옛날에 로고스가 각 성도들 안에 "들어온" 것과 똑같은 방식으로 현재에도 한 인간 안에 들어와서 그를 거룩하게 하고 다른 사람들의 경우와 다름없이 이 사람을 통해 자신을 계시하셨다고 생각할지도 모른다. 만일 이것이 사실이라면 그리고 한 인간 안에 "나타난 것"이 로고스가 행한 모든 일이었다면 이것은 별로 특별한 일이 아니었을 것이고, 그를 본 사람들이 "어디에서 이 사람이 왔는가?"(막 4:41) 또는 "왜 너는 한 인간이면서 자신을 하나님으로 만드는 것인가?"(요 10:33)라며 놀라지 않았을 것이다. 왜냐하면 그들은 각 선지자에게 "주님의 말씀이 임하셨다"는 성서의 표현들을 자주 접했고 그런 개념에 아주 친숙해 있기 때문이었다.

그러나 하나님의 말씀 즉, 자신을 통해 모든 것을 존재하게 한 그 하나님의 말씀은 지금 사람의 아들이 되기로 작정하시고 "자기를 낮추시고 종의 모습을 취하셨다"(빌 2:7). 결국 그리스도의 십자가는 "유대인들에게는 거리낌"이었으나 그리스도는 우리에게 "하나님의 능력"과 "하나님의 지혜"이셨다(고전 1:23-24). 그래서 요한은 "말씀이 육신이 되셨다"고 말했다—성서는 사람을 "육신"으로 부르는 경향이 있다. 요엘 선지자는 "내가 나의 영을 모든 육체에 부어 줄 것이다"(요엘 2:28)라고 말했으며 다니엘도 아스티아제스(Astyages)에게 "나는 손으로 만든 신상에게 절하지 않고 오로지 하늘과 땅을 창조하시고 모든 육체를 지배하시는 살아 계신 하나님에게 예배한다"(Bel and the Dragon 5)고 말했다. 이렇게 이 두 사람은 인간을 "육체"로 불렀다.

(31) 그래서 옛날에는 그가 각 성도와 함께 하셔서 자기를 진정으로 받아들이는 자들을 거룩하게 하셨다. 그러나 그들이 태어났을 때 "그는 인간이 되셨다"고 사람들이 말하지 않았다. 또한 그들이 고난 당할 때 "그는 고난 당했다"고 사람들이 말하지도 않았다. 그러나 그가 "죄를 없애시기 위해 시대의 종말에 단 한번"(히 9:26)

마리아를 통해 우리에게 태어나셨을 때—성부께서는 스스로 그렇게 하기로 원하셨기 때문에 "자기의 아들을 보내셔서 한 여자에게 그리고 율법 아래 나게 하셨다"(갈 4:4)—그 때 그는 육신을 입으심으로 한 인간이 되셨고 우리 때문에 육체에 고난을 당하셨다고 성서는 기록하였던 것이다. 베드로도 같은 말을 하고 있다. "그리스도께서는 우리 때문에 육체 가운데서 고난당하셨다"(벧전 4:1). 그는 항상 하나님이셨고 자신과 함께 하는 자들을 거룩하게 하시며 아버지의 뜻에 따라 모든 것을 정돈하시지만 마지막 때에 우리들을 위해 한 인간이 되셨고 사도가 말씀했듯이 "하나님이 육신 가운데 거하셨다"(골 2:9). 바로 그 사실을 증명하시고 모든 사람으로 하여금 그것을 믿게 하시려는 것이 그가 성육신하시고 고난받으신 목적이었다. 이것은 이렇게 다시 표현될 수 있을 것이다. "그는 하나님이시지만 자기의 몸을 가지고 계셨다. 그리고 그것을 도구로 사용하셔서 우리를 위하여 한 인간이 되셨다."

그렇기 때문에 이 육체에 속하는 것들이 그에게도 속한다고 말할 수 있다. 그가 육체 안에서 육체에 속하는 배고픔 목마름 고통 피곤함 등을 경험하기 때문이다. 그러나 로고스 자신에게 속하는 고유한 일들, 즉 죽은 자들을 살리고 눈먼 자를 보게 하고 혈우병 앓는 여인을 고치는 일 등도 그는 자신의 몸을 통해 이루셨다. 로고스는 육체가 자기에게 속하기 때문에 육체의 연약함을 자기 것으로 짊어지셨고 반면에 육체는 하나님이 자기 속에 있기 때문에 즉 자기가 하나님의 몸이기 때문에 하나님의 일에 도움을 주었다.

선지자가 "그는 우리의 연약함을 치료하셨다"고 말하는 대신에 "그는 우리의 연약함을 짊어지셨다"(마 8:17)고 말한 것은 제대로 말한 것이다. 예수는 몸 밖에 있는 분으로서 언제나 하시던 방식대로 몸을 치료하시고 다시 한번 인간을 죽음의 세력 아래 남겨놓은 채 가버리시는 분이 아니기 때문이다. 실제로 그는 자기가 우리를 위해 인간이 되셨다는 것을 보여주고 인간의 연약함과 죄를 짊어지고 가는 몸이 그 자신의 몸이라는 것을 보여주기 위해 우리의 연약함을 짊어지셨고 "우리의 죄를 짊어지셨다"(사 53:4). 그런데 그 자신은 베드로의 말을 빌자면 스스로 "십자가 위에서 자기 몸으로 우리의 죄를 짊어지실 때"(벧전 2:24) 아무런 해를 받지 않으셨다. 그러나 우리 인간들은 우리에게 속한 정욕들로부터 자유함을 얻었고 로고스의 의로 충만하게 되었다.

(32) 결과적으로 육신이 고난당할 때 로고스는 육신으로부터 멀리 떨어져 있지 않았다. 고난이 그에게도 속한다고 말하는 이유가 바로 거기에 있다. 그가 신적인 방법으로 아버지의 일을 하고 계실 때 육신은 그와 상관없는 것이 아니었다. 그 반대로 주님은 그것을 몸 안에서 행하셨다. 그랬기 때문에 그는 인간이 되신 후 이런 말씀을 하셨다. "내가 아버지의 일을 하지 않으면 나를 믿지 말아라. 그러나 내가 아버지의 일을 하면 나를 믿지 못하더라도 그 일은 믿어라. 이는 아버지가 내 안에 있고 내가 아버지 안에 있는 것을 너희로 알게 하기 위함이다"(요 10:37-38). 그래서 열병을 앓고 있는 베드로의 장모를 일으키실 때 그가 손을 내미신 것은 인간의 행위이고 병을 낫게 해 주신 것은 신적인 행위였다. 마찬가지로 "나면서부터 눈이 먼 사람"(요 9:6)의 경우에도 그가 침을 뱉은 것은 인간의 행위이고 흙으로 그 사람의 눈을 열어 주신 것은 신적인 행위였다. 나사로의 경우에도 그는 인간으로서 인간의 언어를 사용하셨다. 그러나 그가 하나님으로서 나사로를 죽은 자들 가운데서 일으키실 때 그것은 신적인 행위였다. 이런 일들이 바로 그렇게 이루어졌고 그는 실제로 몸을 가지신 것이지 단순히 외형으로만 가지신 것이 아니었다.

주님이 인간의 육신을 입으실 때 당연히 육신에 속하는 모든 정욕들(passions)을 가진 온전한 육신을 입으셔야 했다. 그래서 우리는 몸이 진짜 그의 것인 것처럼 몸의 정욕들도 그의 것이라고 말할 수 있다(비록 그 정욕들이 그의 신성에는 전혀 영향을 미치지 못하지만 말이다). 그래서 만일 몸이 다른 사람에게 속했다면 정욕들도 역시 다른 사람에게 속했을 것이다. 그러나 만일 육신이 로고스에게 속한다면("로고스가 육신이 되셨기" 때문에) 육체의 정욕들도 육을 가지신 그 분에게 속해야 한다. 정욕들—정죄당함, 채찍질, 십자가형, 죽음 그 밖의 몸의 연약함들도 포함하여—을 가지신 분이 곧 승리와 은혜를 소유하신 분이다. 그래서 은혜가 그분으로부터 흘러나오기 위해 그리고 우리가 진정으로 하나님의 종들이 되기 위해 이런 종류의 정욕들이 다름 아닌 주님에게 속했다고 말하는 것이 논리적이고 적합하다. 우리는 어떤 창조물이나 인간을 의지하는 것이 아니라 본질상 하나님에게서 나온 참 아들 인간이 되셨지만 계속 우리의 주님과 하나님과 구세주로 계시는 이 아들을 의지하는 것이다.

(33) 누가 이것에 놀라지 않겠는가? 누가 그것을 정말로 신적이라고 말하지 않겠는가? 신적인 로고스의 행위가 몸을 통해 일어나지 않았다면 인간은 신화되지 않았을 것이다. 또한 육체의 속성들이 로고스의 것으로 칭해지지 않았다면 인간은 그것들로부터 완전히 해방되지 않았을 것이다. 그와는 반대로 내가 위에서 언급한 것처럼 그것들이 잠시 활동을 멈추지만 나중에는 죄와 부패가 인간 안에 계속 남아있게 되었을 것이다. 그리스도 이전의 사람들의 경우가 그러했다. 그것은 명백한 사실이다.

많은 사람들이 마침내는 거룩하게 되고 모든 죄에서 깨끗함을 받았다. 예레미야는 어머니 뱃속에서부터 거룩하게 되었고 요한은 아직 태어나지 않았을 때에도 하나님의 어머니인 마리아의 목소리에 "기뻐 뛰놀았다" 그러나 "아담으로부터 모세까지 죽음이 지배하였다. 심지어 아담의 범죄와 같은 죄를 짓지 않은 사람들까지도 죽음이 지배하였다"(롬 5:14). 인간은 그렇게 인성에 속한 정욕들의 지배를 받으며 계속 죽어갔고 부패하여갔다.

그러나 로고스가 인간이 되시고 육체를 자기 것으로 삼으신 이상 이 정욕들은 더 이상 몸을 지배하지 못한다. 로고스가 몸 안에 들어와 살고 계시기 때문이다. 사실은 그 반대의 현상이 나타난다. 정욕들이 그에 의해 파괴되고 인간들은 지금까지 자기들에게 속했던 정욕을 따라 더 이상 죄인으로 죽은 사람들로 계속 남아있지 않는다. 그들은 로고스의 능력을 따라 죽은 자들 가운데서 다시 일어나고 이제부터는 영원히 불멸적으로 비부패적으로 남게 된다.

다른 사람들에게 존재의 기원을 제공한 자가 무엇 때문에 몸소 태어났는지 그 이유를 설명해 주는 것이 바로 그것이다. 그가 하나님의 어머니인 마리아에게서 태어난 이유는 우리로 하여금 자신 안에서 우리의 기원을 다시 재정립하고 우리가 원래 흙이었다는 이유로 다시 흙으로 되돌아가는 일이 없도록 그리고 하늘에서 오신 로고스와 결합함으로 하늘로 인도함을 받도록 하기 위함이다. 그래서 그는 우리가 더 이상 인간으로서 영생을 구하는 것이 아니라 이제는 로고스에게 속한 피조물로서 영생을 구할 수 있게 하기 위하여 몸의 정욕들도 자기 것으로 취하셨다. 우리는 더 이상 우리의 첫 출발에 의거하여 "아담 안에서" 죽지 않는다. 우리의 기원과 우리의 모든 육체적 나약함이 로고스에게로 이전되었기 때문에 우리는 이제부터 땅으로부터 들림 받는다. 우리 안에서 "우리를 위해 저주가 되신"(갈 3:13) 분이 죄가 불러들인 저주를 제거하셨다. 우리 모두가 땅으로부터 난 자들이기에 아담 안에서 죽은 것처럼 우리는 "물과 성령에 의해" 위로부터 "다시 태어난" 자들이기 때문에 "그리스도 안에서 모두 다시 살아났다."(고전 15:22; 요 3:5) 이제 육은 더 이상 땅에 속하지 않고 우리를 위해 육이 되신 신적인 로고스의 역사를 통해 "로고스화"되었다.

(34) 로고스의 무정욕성(impassibility)과 육신 때문에 그의 것으로 칭해진 연약함들을 더욱 정확히 이해하기 위해 우리는 복자(福者) 베드로의 말에 귀를 기울일 필요가 있다. 그는 구세주와 관련하여 믿을 만한 증인이다.

베드로는 그의 편지에서 "그리스도께서 우리를 위하여 육신으로 고난당하셨다"(벧전 4:1)고 기록하고 있다. 그래서 그가 배고프시고 목마르시고 괴로워하시고 무지하시고 주무시고 우시고 요청하시고 도망가시고 태어나시고 잔을 거부하셨다고 할 때 즉 일반적으로 말해서 그가 육신에 속한 것들을 모두 이행하셨다고 할 때 그것은 모두 적합한 것이었다. "그리스도는 '우리를 위해 육체 가운데서' 배고프고 목마르셨다" "그리스도는 '우리를 위해 육체 가운데서' 무지하셨고 매맞으셨고 고생하셨다" "그리스도는 '육체 가운데서' 올리우셨고 태어나셨고 자라셨다" "그리스도는 '육체 가운데서' 두려워하셨고 숨으셨다" 그리고 그리스도는 "만일 가능하시다면 이 잔을 내게서 지나가게 해 주십시오"라고 기도하셨다. "그리스도는 '우리를 위해 육신 가운데서' 매맞으셨고 부족해하셨다." 일반적으로 이런 종류의 것들은 "우리를 위해 육신 가운데서"라는 표현에 입각하여 이해되어야 한다. 이것이 바로 사도 바울이 말씀한 바이다. 즉 "그리스도는" 자신의 신성에서 "고난받으신 것이 아니라 우리를 위해서 육신 가운데 고난받으신 것"이다. 따라서 정욕들은 로고스의 속성이 아니라 육신의 원천적 속성으로 인식되어야 한다.

따라서 아무도 그리스도의 인간적 특성들로 인해 걸려 넘어지지 말아야 한다. 로고스는 원래 비정욕적이지만 자신이 취한 육체로 인해 이 정욕들을 자신의 것으로 삼으셨다. 왜냐하면 그것들은 육신에 속하고 몸은 구세주에게 속하기 때문이다. 그리스도 자체는 원래대로 즉 본질상 비정욕적으로 남아 있었다. 그는 이 정욕들의 영향을 받으신 것이 아니라 그 반대로 그것들을 정복하시고 그것들을 아무 것도 아닌 것으로 만드셨다. 그래서 인간은 자신의 정욕이 비정욕으로 변함으로써 정욕이 소멸된 이상 이제부터는 비정욕적이 되고 영원히 정욕없는 삶을 살게 되는 것이다. 그 때문에 요한은 이렇게 가르쳤다. "여러분이 아는 대로 그리스도께서 죄를 없애려고 나타나셨다. 그리스도는 죄가 없는 분이시다"(요일 3:5).

따라서 어떤 이단도 이렇게 질문하며 대들지는 못할 것이다. "필멸(必滅)의 육체가 어떻게 부활할 수 있는가? 그것이 부활한다면 배고프거나 목마르거나 고난당하거나 죽게 되지 않는단 말인가? 그것이 흙에서 나왔다면 본질상 흙의 존재가 어떻게 흙이 아닐 수 있는가?" 이제 육체가 논쟁적인 이단자에게 이렇게 대답한다. "나는 원래 흙에서 나왔기 때문에 사실 필멸적이다. 그러나 마지막 때에 나는 로고스의 육체가 되었고 그는 비록 자신이 비정욕적이지만 나의 정욕들을 담당하셨다. 그래서 나는 정욕으로부터 자유롭다. 주님이 그것으로부터 나를 해방하셨기 때문에 나는 더 이상 그것에 종노릇하지 않는다. 너는 내가 본질상 나에게 속한 부패로부터 해방된 사실을 부인한다. 그러나 신적인 로고스가 나의 종의 신세를 자기 몸에 짊어진 사실은 부인해서는 안된다. 주님이 몸을 입으실 때 인간이 되신 것처럼 우리도 일단 그의 육체를 통해 그에게 연결되고 나면 그 로고스에 의해 신화되고 그 즉시 영생의 상속자들이 되는 것이다."

(35) 우리는 이상의 문제들을 이런 목적을 위해 자세히 고찰하였다. 즉 그리스도가 자신의 몸을 도구로 하여 신적으로 행동하고 말씀하시는 것을 볼 때 그가 하나님이시기에 그렇게 하신다는 것을 알게 하기 위함이고 또한 그가 인간처럼 말을 하시거나 인간처럼 고난당하시는 것을 볼 때 그가 육신을 입으시고 인간이 되셨다는 것과 이것이 이 인간적인 것들을 행하는 그의 고유한 방법이라는 것을 잊지 않게 하기 위함이었다. 만일 우리가 그 둘 각자에 무엇이 고유하고 무엇이 특징적인지를 식별할 수 있다면 그리고 동시에 그 두 가지 부류의 행동이 한 개체로부터 나온다는 사실을 잘 알고 있다면 우리는 올바로 믿는 것이고 절대 길을 잃지 않을 것이다. 그러나 만일 누구든지 로고스가 행하는 신적인 것들을 보고 몸을 부인하던지 아니면 몸에 해당하는 것들을 보고 로고스의 성육신하신 상태를 부인하거나 또는 인간적인 특징들을 이유로 로고스를 열

등(劣等)하게 본다면 그런 사람은 포도주에 물을 섞는 유대인 술집 주인처럼 십자가를 수치로 생각하거나 이방인처럼 가르침을 어리석은 것으로 판단하는 사람이다. 하나님의 원수인 아리우스주의자들에게 생긴 일이 바로 그런 종류의 것이다. 그들은 구세주의 인간적 특징들을 보고 그를 인간으로 생각한다. 또한 그들은 로고스의 신적인 행위들을 보고 그가 몸을 가지고 오신 것을 부인함으로써 마니교사람들과 같은 주장을 한다. 그러나 후자(後者)의 사람들은 "로고스가 육신이 되셨다"는 것을 배워야 한다. 우리는 믿음의 기본적 의미와 목적을 파악하고 있기 때문에 그들이 잘못된 것으로 정죄한 것이 실제로는 올바른 해석임을 잘 알고 있다.

이 본문들을 살펴보라. "아버지는 아들을 사랑하시고 모든 것을 그의 손에 맡기셨다"(요 3:35), "아버지께서 모든 것을 나에게 맡겨 주셨다"(마 11:27), "나는 스스로 아무 것도 할 수 없다. 나는 들은 대로 판단한다"(요 5:30). 이와 같은 수많은 구절들이 성자가 그런 특권들을 지니고 있지 않았던 때가 없었던 것을 증언한다. 어떻게 아버지의 유일하신 로고스와 지혜이신 분이 아버지가 가지고 계시는 것을 영원히 소유하지 못하실 수가 있는가? 특히 "무엇이든 아버지가 가지신 것은 모두 내 것이다"(요 16:15) 그리고 "나의 것은 아버지의 것이다"(요 17:10)라고 말씀하신 분이 어찌 그러하지 못하시겠는가? 만일 아버지에게 속한 것들이 아들에게도 속한다면 그리고 아버지가 그것들을 영원히 소유하고 계시다면 아들이 소유하는 것은 무엇이나 아버지에게 속하기 때문에 모든 것이 자신 안에 영원히 존재하는 것이다. 따라서 그는 이런 특권들이 자기 것이 아닌 적이 있었기 때문에 그런 말을 하시는 것이 아니라 아들이 비록 모든 것을 영원히 소유하고 있지만 그것을 아버지에게서 받았기 때문에 그런 말을 하시는 것이다.

(36) 여기에 한 가지 위험이 있다. 성부에게 속한 모든 것을 성자가 완전히 소유하고 있다고 생각한 나머지 그가 가지는 불변의 유

사성을—동일성은 아닐지라도—근거로 사벨리우스(Sabellius)의 뒤를 따라 길을 잃는 수가 있다. 그런 사람은 성자와 성부가 동일하다는 결론에 도달하게 된다. 그래서 성자는 이런 오류를 방지하기 위해 "나에게 주셨다" "내가 받았다" "나에게 맡겨 주셨다"는 표현을 사용하셨다. 그는 그렇게 하여 자기는 성부가 아니고 성부의 로고스이며 그의 영원한 아들이라는 것을 보여주셨다. 그는 사실 성부와의 유사성으로 인해 성부로부터 받은 모든 것을 "영원히" 소유하고 있었고 아들의 신분으로 인해 자기가 영원히 소유하는 모든 것을 "성부로부터" 받았다…

"받았다"와 "그가 맡겨주셨다"의 표현은 아들이 이런 것들을 가지지 않았던 때가 있었다는 것을 의미하지는 않는다. 우리는 이것을—그리고 그런 모든 표현들을 기초로 하여 이끌어 낸 그와 유사한 결론을—비슷한 구절들에서 추론해 낼 수 있다. 구세주는 스스로 이렇게 말씀하셨다. "아버지께서 자기 안에 생명이 있는 것처럼 아들에게도 생명을 주셔서 그 안에 생명이 있게 하여 주셨다"(요 5:26) 그는 "주셔서"라는 표현으로써 자기가 아버지가 아니라는 것을 의미하셨고 "것처럼"이라는 표현으로써 아들이 아버지와 비슷한 본성을 가지고 있고 또 그가 아버지에게 속한다는 사실을 보여주셨다. 만일 아버지가 생명을 소유하지 않은 적이 있었다면 분명히 아들이 그것을 소유하지 않은 적도 있었다. 왜냐하면 아들은 아버지가 생명을 소유하는 "것처럼" 그것을 소유했기 때문이다. 그러나 만일 그런 주장을 하는 것이 불경스런 것이고 그 반대로 아버지가 항상 생명을 소유하고 계신다고 주장하는 것이 경건한 것이라면 아들이 아버지가 생명을 소유하는 "것처럼" 자기도 생명을 소유한다고 진술할 때 아버지와 아들이 "같은 방식으로"가 아닌 다른 방식으로 그것을 소유한다고 주장하는 것은 불합리한 주장이 아닌가? 우리는 차라리 로고스는 신실하시며 그가 받았다고 말하는 모든 것이 아버지로부터 온 것이라는 결론을 내린다(비록 아들이 그 모든 것을 "영원히" 소유하고 계시지만 말이다). 아버지는 생명을 다른 존재로부터 받은 것이 아니지만 아들은 그것을 아버지로부터 받았다.

그것은 광채(radiance)의 경우와 비슷하다. 광채가 스스로 이렇게 말한다고 가정하자. "광명이 나에게 빛을 비출 곳들을 제공해 주었고 나는 나 자신으로부터가 아니라 광명이 원하는 대로 비출 뿐이다." 광채가 이렇게 말한다고 해서 한때 자기가 광명을 소유하지 않았던 적이 있다고 말하고 있는 것이 아니다. "나는 그 광명에 속해있고 그 광명에 속한 모든 것이 나의 것이다"라고 말하고 있을 뿐이다. 우리는 아들의 경우도 이와 같은 방식으로 이해해야 한다. 왜냐하면 아버지가 아들에게 모든 것을 주셨을 때 그는 여전히 아들 안에서 모든 것을 가지고 계신 것이고 아들이 그것들을 소유할 때 아버지가 여전히 그것들을 소유하고 있는 것이기 때문이다. 아들의 신성은 아버지의 신성이고 그런 방식으로 아버지는 아들 안에서 모든 것을 섭리로 돌보시는 것이다.

(37) 이것이 그런 종류의 말씀을 이해하는 방법이다. 그러나 구세주에 대하여 인간적으로 표현된 것들을 신앙적으로 이해하는 방법도 있다. 우리가 위에서 이런 종류의 진술들을 검토한 이유가 바로 거기에 있다. 그래서 그가 나사로가 누워있는 장소를 물을 때 아니면 가이사랴 지방에 오셔서 "사람들이 나를 누구라고 하더냐?"(마 16:13) 또는 "너희가 빵 몇 덩이를 가지고 있느냐?" 또는 "내가 무엇을 하여 주기를 원하느냐?"(마 20:32)라고 물으실 때, 우리는 우리가 지금까지 이야기한 것에 기초하여 그런 질문들을 올바로 해석하고 그리스도의 원수들인 아리우스주의자들처럼 넘어지지 않게 되는 것이다.

우선 우리는 그 불경건한 사람들에게 무슨 근거에서 그가 무지하다고 주장하는지 물어야 한다. 왜냐하면 질문하는 사람이 항상 무지하기 때문에 질문하는 것은 아니기 때문이다. 그 반대로 이미 지식이 있는 사람이 그가 알고 있는 바에 대해 질문을 던지는 것이 얼마든지 가능하다. 요한은 그리스도가 "너희가 빵 몇 덩이를 가지고 있느냐?"고 물으신 것은 무지해서가 아니라 다 아시고서 그런 질문을 하신 것이라고 확신하고 있었다. 왜냐하면 그는 이렇게 쓰고 있기 때문이다. "그는 빌립을 시험하시기 위해 이 말을 하셨다. 왜냐하면 그는 자기가 무엇을 할 지를 알고 계셨기 때문이다"(요 6:6). 그가 자기가 무엇을 하는지 알고 있었다면 그의 질문은 무지 때문이 아니라 이미 지식이 있었기 때문인 것이다.

우리는 그 밖의 비슷한 종류의 본문들을 위의 해석 비추어 이해할 수 있다. 주님이 나사로가 어디에 묻혔는지 또는 사람들이 그를 누구라 하는지에 대해 물어보신 것은 그의 무지 때문이 아니다. 그는 자기가 무엇을 할 지 알고 계셨기 때문에 자기가 묻고 있는 것을 이미 알고 계셨다. 이런 식으로 그들의 궤변(詭辯)은 단숨에 사라져 버린다.

만일 그들이 그리스도가 질문을 했다는 이유로 계속 논쟁하기를 원한다면 신에게는 무지란 존재하지 않으며 무지는 육체에 속하는 것이라고 그들에게 말해주겠다. 이것이 사실이라는 증거는 주님이 나사로가 누워있는 장소를 물으시는 방식에서 잘 드러난다. 그는 자신이 그곳에 없고 그곳에서 멀리 떨어져 있는데도 "나사로가 죽었다"(요11:14)고 말씀하셨고 그의 죽음이 어디에서 일어났는지 알고 계셨다. 또한 그들이 무지하다고 판단한 이 사람은 미리 제자들의 생각을 아셨고 각 사람의 마음에 무엇이 들어있는지 "사람의 속에 무엇이 있는지"(요 2:25) 꿰뚫어 보셨다. 더구나 그 혼자만이 아버지를 알고 계시고 "나는 아버지 안에 있고 아버지는 내 안에 있다"(요 14:10)고 말씀하셨다.

(38) 따라서 분명한 사실은 무지는 육체에 속하는 것이고 로고스는 자신이 로고스인 만큼 모든 것들이 생겨나기 전에 벌써 그것들을 알고 계시다는 것이다. 그는 사람이 되심으로 하나님임을 그치

지 않으셨고 하나님이기 때문에 인간적인 것들을 회피하지도 않으셨다. 그건 말도 안되는 소리다. 그 반대로 그는 하나님으로서 육체를 취하셨고 육체를 가진 자로서 육체를 신화시키셨다. 그는 육체를 가진 자로서 질문을 하신 것처럼 역시 육체를 가진 자로서 죽은 사람을 일으키셨다. 그는 죽은 사람에게 생명을 주고 혼을 다시 불러들이는 자가 모든 비밀을 아는 자라는 사실을 모든 사람들에게 증명하셨다. 그는 나사로가 어디에 놓여있는지 알고 계셨지만 그것을 물으셨다. 이렇게 우리를 위해서 모든 것을 참으시는 하나님의 거룩한 로고스는 유일하신 참 아버지 자기의 아버지에 대한 지식과 모든 사람에게 구원을 제공하기 위해 보냄을 받은 자신에 대한 지식을 우리에게 베푸시기 위해 우리의 무지를 짊어지신다는 의미에서 그렇게 하셨던 것이다. 그것보다 더한 은혜는 없다.

그래서 그들이 제시하고 있는 구절들에 관련하여 구세주가 "나에게 권세가 주어졌다" "당신의 아들을 영화롭게 하소서"라고 말씀하실 때 그리고 베드로가 "권세가 그에게 주어졌다"라고 말할 때 우리는 그것들을 위와 같은 의미로 해석한다. 그 모든 것들은 주님의 육신 때문에 인간에게 적합한 방식으로 표현된 것이다. 그는 아무 것도 부족해하지 않으셨지만 한 인간으로서 많은 것들을 받으셨다. 이는 주님이 그것들을 받으시고 그것들이 그 안에 간직되어 있다는 사실을 통해 그의 은혜를 확실하게 하시기 위함이었다. 인간은 무엇을 받지만 그것을 잃을 수도 있다. 아담의 경우가 그러한데 그는 자신이 받은 것을 받은 후에 잃어 버렸다. 그러나 은혜가 다시 없어지지 않게 하시기 위해 즉, 그것이 사람들에게서 확실히 보장되도록 하시기 위해 주님은 그 은혜를 자신의 것으로 주장하시고 자기가 인간으로서 권세를 받으셨다고 즉 이미 하나님으로서 영원히 소유하고 있는 그 권세를 받으셨다고 말씀하시는 것이다. 더구나 다른 이들을 영화롭게 하는 자가 "나를 영화롭게 하소서"라고 말한 이유는 자기의 육체가 그런 것들을 필요로 한다는 것을 보여

주시기 위함이었다. 그래서 그의 육체가 이것을 받았을 때 그 자신이 이것을 받았다고 한 것이다. 왜냐하면 그것을 받은 것이 즉, 육체가 그의 안에 있고 그는 그것을 받음으로 인간이 되시는 것이기 때문이다.

(39) 그런데 우리가 계속 거듭하여 말하는 것이지만 만일 로고스가 인간이 되시지 않았다면 받는 것과 영광을 필요로 하는 것과 무지한 것이 너의 주장대로 당연히 로고스의 특징이 된다. 그러나 그가 인간이 되시고 "인간으로서" 받으시고 부족해 하시고 무지하셨던 것이라면 왜 너는 주는 자와 받는 자를 동일시하는가? 왜 필요한 것을 공급하는 자를 의심하는가? 왜 아들을 불완전하고 궁핍하다고 부르면서 그를 아버지와 분리시키는가? 왜 인간에게서 은혜를 없애버리는가?

만일 로고스가 로고스로서 무엇인가를 받고 자기 때문에 영광 받으셨다면 그리고 자기의 신성으로 성결함과 부활의 생명을 제공했다면 인류에게 무슨 소망이 있겠는가? 인간들은 이전과 마찬가지로 헐벗고 불행하고 죽은 상태로 계속 남아있게 될 것이다. 왜냐하면 그들은 아들에게 주어진 것을 공유하지 못하기 때문이다. 로고스가 왜 우리 가운데 거하시고 육체가 되셨는가? 만일 로고스의 성육신하신 목적이 이득의 수혜자가 되기 위함이었다면 그는 그전에 무언가 부족한 상태로 존재했다는 말이 된다. 그렇다면 그는 자신의 몸에 감사해야 할 것이다. 왜냐하면 그가 몸 안으로 들어갈 때 아버지로부터 그 선물들을 받았기 때문이다. 그 선물들은 그가 육체로 내려오기 전까지는 그에게 속한 것이 아니었기 때문이다. 이런 논리대로라면 몸이 그로 말미암아 나아진 것보다는 그가 몸으로 인해 훨씬 더 나아졌다는 이야기가 된다. 그러나 이것은 유대인들이 문제를 처리하는 방법이다.

로고스는 인간을 구속하기 위해 성육신하셨다. 그는 실제로 인간 가운데 거하셨고 그들을 거룩하게 하시고 그들을 신화시키기 위해 육신이 되셨다. 그렇다면 로고스가 육신이 되실 때 받으신 것들이 자기 자신 때문이 아니라 육신 때문이었다는 것이 분명하지 않은가? 그는 육체 가운데서 말씀하셨고 성부께서 로고스를 통해 주신 선물들은 육체에 속한 것이었다.

 이제 그가 무엇을 받으셨는지 이해하기 위해 그가 실제로 무엇을 구하셨고 실제로 자기가 받았다고 말씀하시는 것이 무엇인지 살펴보자. 그는 영광을 구하셨고 "모든 것이 나에게 맡겨졌다"(마 11:27)고 말씀하셨다. 부활 후에 그는 자기가 "모든 권세"(마 28:28)를 받았다고 말씀하셨다. 그러나 그는 "모든 것이 나에게 맡겨졌다"고 말씀하시기 전에 이미 모든 것의 주님이셨다. "모든 것이 그로 말미암아 생겨났고"(요 1:3) "한 분 주님을 통해 모든 것이 존재하기"(고전 8:6) 때문이었다. 그리고 영광을 구하신 분은 "영광의 주님"이셨고 지금도 그러하시다. 이는 바울이 "그들이 미리 알았더라면 그들은 영광의 주님을 십자가에 못박지 않았을 것이다"라고 말한 데서 잘 드러난다. "세상이 있기 전에 내가 아버지와 함께 가지고 있던 영광으로…"라고 말씀하신 것으로 볼 때 그는 자기가 구하는 것을 이미 가지고 계셨다.

 (40) 또한 그가 부활 후에 받았다고 말씀하시는 그 권세도 그는 그것을 받기 전에 부활하시기 전에 이미 가지고 계셨다. 그는 자신의 권세에 의거하여 "사탄아 내 뒤로 물러가라"(마 4:10)하고 꾸짖으셨고 제자들이 돌아올 때 "나는 사탄이 별처럼 하늘에서 떨어지는 것을 보았다"라고 말씀하시면서 제자들에게 사탄을 지배하는 "권세를 주셨다."(눅 10:18)

 그가(아브라함의 딸의 경우에서처럼) 마귀들을 쫓아내시고 사탄이 묶어놓은 것을 풀어주시는 것을 볼 때 그리고 그의 발을 씻긴 여인과 한 중풍병자에게 "너희 죄가 용서함을 받았다"(마 9:5; 눅 7:48)고 하시면서 그들의 죄를 용서하시는 것을 볼 때 그는 자기가 받았다고 말하는 것을 이미 받기도 전에 소유하고 계신 것으로 드러난다. 그는 또 죽은 사람을 일으키셨고 눈먼 사람에게 빛을 주셔서 원래의 상태대로 그를 회복시키셨다. 그는 앞으로 권세를 받게 될 사람으로서가 아니라 이미 "충만한 권세를 가지신"(사 9:6 70인역) 분으로서 그런 일들을 하셨다.

이상의 모든 것들을 기초로 해서 생각해 볼 때 그는 분명히 자기가 로고스로서 가지고 계신 것을 그가 인간이 되신 후에 그리고 부활 후에 인간으로서 받았다고 주장하신 것이다. 그가 그렇게 하신 이유는 이제부터 그의 중계(mediation)를 통해 "신성의 참여자들"(벧후 1:4)이 된 인간들이 땅 위에서는 마귀들을 지배하는 권세를 얻고 하늘에서는 "부패로부터 자유함을 얻어서"(롬 8:21) 영원히 다스릴 수 있게 하시기 위해서였다. 그가 여러 가지를 받았다고 말씀하실 때 우리는 그것들 중 그가 이미 소유하고 있지 않은 것이 아무 것도 없다는 것을 인식할 필요가 있다. 왜냐하면 로고스는 하나님으로서 그것들을 영원히 소유하고 계시기 때문이다. 우리는 그의 인간으로서의 위치에 의거하여 "그가 받았다"고 말한다. 그의 안에서 육체가 수혜자(受惠者)가 되기 때문에 이제부터는 그 육체에게 주어진 선물이 우리에게도 확실한 실체로 제시되도록 하기 위해서이다. "그는 존귀와 영광을 하나님으로부터 받았고 천사들은 그에게 복종하였다"(벧후 1:17; 벧전 3:22)고 베드로가 말한 것도 같은 뜻을 지니고 있다. 그가 인간으로서 질문을 하시고 하나님으로서 나사로를 살리신 것같이 "그가 받으셨다"는 말은 인간으로서의 그의 위치를 말하는 것이고 천사들의 복종은 로고스의 신성의 증거가 되는 것이다.

(41) 너 하나님의 멸시자들이여, 이제 단념하라! 로고스를 모독하지 마라! 부족함이나 무지를 이유로 그에게서 아버지의 것인 신성을 빼앗지 마라. 너는 옛날에 유대인들이 그리스도에게 돌을 던진 것처럼 너의 엉뚱한 주장들을 그에게 퍼붓지 마라. 우리가 지금까지 이야기한 것들은 로고스로서의 그에게 속하는 것이 아니라 그

반대로 인간에게 속하는 것들이다. 또한 우리는 그가 침을 뱉고 손을 뻗고 나사로를 불러내실 때 그 위대한 행위들을 인간적인 것으로 부르지 않는다. 비록 그런 것들이 그의 몸을 통해 일어났지만 우리는 그것들을 하나님의 행위라고 부른다. 같은 원리하에 만일 복음서에서 인간의 특성들이 구세주의 것으로 표현되었다면 이 경우에도 마찬가지로 우리는 표현된 것의 본질을 고려하여 그것이 하나님에게 맞지 않기 때문에 그것을 로고스의 신성이 아닌 인성에 속하는 것으로 간주한다. 왜냐하면 비록 "로고스가 육신이 되셨지만" 정욕들은 육신에 속하는 것이고 육신이 로고스 안에서 신성의 운반인이 되었지만 은혜와 능력은 로고스로부터 나오는 것이기 때문이다. 확실히 그는 육체를 매개로 하여 성부의 일을 하셨다. 그러나 육체의 정욕들도 이에 못지 않게 그의 안에서 모습을 드러내었다. 그는 질문을 하셨지만 나사로를 일으키셨고 "아직 내 때가 오지 않았습니다"라고 하시면서 자기 어머니를 책망하셨지만 즉시 물로 포도주를 만드셨다. 그는 육신을 입으신 참 하나님이셨고 로고스를 가지신 참 육체이셨다. 그랬기 때문에 그는 자신의 일을 통해 아버지와 하나님의 아들로서의 자신을 계시하셨고 육체의 정욕들을 통해 자기가 실제의 몸을 지니고 있다는 것과 그 몸이 자기 자신의 몸이라는 것을 보여주셨다.

7
라오디게아의 아폴리나리스

그리스도 안에서의 몸과 신성의 연합에 대하여

(1) 주님은 그의 몸에 관련된 것들에서 조차 맨 처음부터 거룩한 아이였다고 고백되어야 한다. 이점에서 그는 다른 모든 몸과 구별된다. 그는 신성과 연합함으로 그의 어머니 안에서 잉태되었다. 그래서 천사가 이렇게 말했다. "성령이 네 위에 임하고 지극히 높으신 분의 능력이 너를 덮을 것이다. 그리고 너의 거룩한 자손은 하나님의 아들이라 불릴 것이다"(눅 1:35). 또한 그의 출생은 단순히 한 여인에게서의 출생이 아니라 하늘로부터의 하강이었다. 그래서 성서는 그가 "한 여인에게서 나고 율법 아래서 났을"(갈 4:4) 뿐만 아니라 "하늘에서 내려온 인자 외에는 아무도 하늘에 올라 갈 수 없다"(요 3:13)고 기록하고 있는 것이다.

(2) 그리고 몸을 따로 떼어서 그것을 피조물로 부르는 것은 불가능하다. 몸을 가진 자로부터 그것이 분리되는 것은 절대 있을 수 없기 때문이다. 그것은 즉, 몸은 하나님과의 결합으로 인해 "창조되지 않은 자"의 칭호와 하나님의 이름을 공유한다. "말씀이 육신이

되셨다"(요 1:14)라는 구절과 "그 마지막 아담은 생명을 주는 영이 되셨다"(고전 15:45)라는 사도의 말이 의미하는 바가 바로 그것이다.

(3) 우리는 하나님과의 신적인 결합과 연합 때문에 몸에게 영광을 돌리지만 그렇다고 해서 몸에서 유래하는 수치스런 속성들을 부인하는 것은 아니다. 사도의 말 중 "한 여자에게서 난 것"(갈 4:4) 선지자의 말 중 "하나님의 종으로서 자궁에서 만들어진 것"(사 49:5) "인간"과 "인자"로 불리는 것 아브라함 이후 많은 세대가 지난 후에 인간이 되신 것 이런 것들이 몸의 속성들이다.

(4) 사실 인간적인 용어를 사용해서 그에 대해 말을 하거나 그를 이해할 필요가 있다. 그러나 그가 참으로 사람으로 불릴 때 아무도 몸과 함께 그 명칭이 의미하는 바 신의 본질을 부인하지는 않을 것이다. 그리고 그가 자신의 몸 때문에 종으로 불릴 때도 아무도 몸과 함께 그 종의 이름이 의미하는 바 왕의 본질을 부인하지도 않을 것이다. 또한 하늘의 사람이 하늘에서 내려왔다고 할 때도 아무도 땅의 몸이 신성과 함께 굳게 결합되어 있다는 것을 부인하지 않을 것이다. 그는 실제에서나 이름에서나 분리되어 있지 않다. 종의 형태와의 결합 때문에 창조된 몸과의 결합 때문에 주님은 종으로 불리고 창조되지 않은 분이 "만들어진 것"으로 불린 것이다.

(5) 우리의 고백은 그 안에서 피조물이 창조되지 않은 자와 연합하였고 창조되지 않은 자가 피조물과 뒤섞여서 여러 부분으로부터 한 본성이 만들어졌고 이때 말씀은 신의 완전성으로[인격] 전체에 특별한 힘을 제공하였다는 것이다. 이와 똑같은 것이 보통 인간의 경우에도 그대로 적용되는데 인간은 두 가지의 불완전한 부분들로 이루어져 있고 그 두 가지가 함께 한 본성을 이루어서 한 이름으로 불리게 되는 것이다. 그래서 전체가 "육체"로 불릴 때 그로 말미암아 혼이 자기의 자리를 잃는 것이 아니고 전체가 "혼"으로 불릴 때 그로 말미암아 몸이 자기의 자리를 잃는 것이 아니다.

(6) 그래서 인간이 되신 하나님 즉 존재하는 만물의 주님과 통치자가 되신 분은 여자에게서 나셨어도 여전히 하나님이시다. 그는 종의 형상을 따라 만들어졌어도 여전히 영이시다. 그는 육체와의 연합 때문에 육체로 선포되었지만 사도 바울에 의하면 그는 인간이 아니시다. 그는 같은 사도로부터 인간적인 분으로 선포되었지만 바울은 그리스도의 전체를 보이지 않는 하나님이 보이는 몸으로 변화하신 분으로 창조되지 않은 하나님이 창조된 옷을 입고 나타나신 분으로 부르고 있다. 주님은 종의 모습을 입으시고 자신을 비우셨지만 자신의 신적인 본질에서는 자신을 비우시지 않으셨고 변하지 않으셨고 감소되지 않으셨다. 어떤 변화도 신성에 영향을 미칠 수 없기 때문에 그는 감소하거나 증가하지 않으셨다.

(7) 그가 "나를 영화롭게 하소서"라고 말씀하실 때 그것은 몸으로부터 나온 말씀이고 영화롭게 되는 것은 몸과 관련이 있다. 그러나 전체가 하나이기 때문에 그것이 지칭하는 것은 전체로서의 그리스도이다. 그는 "세상이 존재하기 전에 내가 아버지와 함께 누렸던 영광으로…"라고 말씀하시면서 영원히 영광스런 신성을 나타내셨다. 그런데 이것은 특히 신성에 적합한 표현이지만 포괄적으로는 전체를 지칭하는 것이었다.

(8) 그래서 그는 보이지 않는 영 안에서 하나님과 동일한 본질을 지니시고(여기서 우리는 "하나님과 같은 본질을 지닌 것"과 연합한 것이 육체이기 때문에 그리스도라는 명칭이 육체를 지칭하는 것으로 이해해야 한다) 동시에 그는 사람과 동일한 본질을 지니신다(여기서 우리는 "우리와 같은 본질을 지닌 것"과 연합한 것이 신성이기 때문에 그리스도라는 명칭이 신성을 의미하는 것으로 이해해야 한다). 육체의 본성은 "하나님과 동일한 본질을 지닌 것"과 결합—동일본질(*homoousios*)의 명칭에 참여—했다고 해서 변화를 겪지는 않는다. 이는 신성이 인간의 몸에 참여했다—우리와 동일한 본질의 육체의 이름을 얻었다—고 해서 변화를 겪는 것이 아닌 것과 마찬

가지다.

(9) 바울이 "육체를 따라서는 다윗의 씨에서 나신 분…"(롬 1:3)이라고 말했을 때 그는 하나님의 아들이 실제로 그렇게 태어나셨다고 말한 것이었다. 그러나 하나님의 아들은 자기의 육체를 별개의 것으로 간주하시면서 "육체는 다윗의 씨에서 난 것이다"라고 말씀한 것이 아니었다. 또 바울이 "여러분은 이런 태도를 가지시오. 그것은 곧 그리스도 예수께서 보여주신 태도인데 그는 하나님의 모습을 지니셨으나 하나님과 동등함을 당연하게 생각하지 않으셨다"(빌 2:5-6)라고 말했을 때, 그는 구분을 지으면서 "그의 신성은 로고스 하나님의 모습을 지니셨으나 하나님과 동등함을 당연하게 생각하지 않으셨다"라고 말한 것이 아니었다. 그러나 신성은 처녀에게서 태어나기 전에는 "예수"라는 이름으로 불리지 않았다. 또 성령의 기름부음을 받지도 않았다. 왜냐하면 하나님의 말씀은 성령을 보내시는 분이지 성령에 의해 성결하게 되는 분이 아니기 때문이다.

(10) 더 나아가 그는 "그들을 위해 내가 나를 거룩하게 하는 것은 그들도 진리로 거룩해지게 하려는 것이다"(요 17:19)라고 말씀하셨다. 그는 구분을 지으면서 "나는 육체를 거룩하게 한다"고 말씀하시지 않았다. 그 반대로 그는 인성과 신성을 결합시키시면서 "내가 나를 거룩하게 한다"고 말씀하셨다(이 문제를 주의 깊게 관찰하는 사람들이 보기에는 그가 그 자신을 거룩하게 하는 주체가 될 수 없는데도 말이다). 전체가 거룩하게 한다면 무엇이 거룩해진다는 말인가? 전체가 거룩해진다면 거룩하게 하는 주체는 무엇이란 말인가? 그러나 그는 하나의 개체와 나눌 수 없는 하나의 삶의 모습을 그대로 보존하시면서 거룩하게 하는 행위와 그것의 결과로 나타나는 거룩성을 모두 그리스도 전체에게 귀속시키신다. 그가 그렇게 하시는 이유는 이 경우 성령이 예언자들과 사도들을 거룩하게 하는 식으로 하나가 다른 하나를 거룩하게 하는 것이 아니라는 점을 분명하고도 확실하게 가르치시기 위함이다. 바울은 전체의 교회

가 "그리스도 예수 안에서 성도로서 거룩하게 되도록 부름을 받았다"(고전 1:2)고 말하고 있고 구세주도 제자들과 관련하여 "진리 안에서 그들을 거룩하게 하여 주십시오"(요 17:17)라고 말씀하셨다.

(11) 인간은 전체적으로 성화되는 존재이지 성화시키는 존재가 아니다. 그리고 천사들도 다른 모든 피조물들과 마찬가지로 성화되는 것이고 성령은 성화시키고 일깨우는 일을 한다. 그러나 로고스는 성령을 통해 성화시키고 일깨우는 일을 하지만 절대 자기는 성화되지 않는다. 왜냐하면 로고스는 창조자이지 피조물이 아니기 때문이다. 그러나 여기에 성화 즉, 몸이 거룩하게 되는 것과 성육신 즉 로고스가 육신이 되는 것이 있다. 이 둘은 서로 구별되지만 육체와 신성의 결합으로 인해 하나가 되었다. 그래서 성화시키는 자와 성화되는 자 사이의 구별이 없어졌고 성육신 자체가 모든 면에서의 거룩함이 되었다.

(12) "너는 사람이면서 너 자신을 하나님으로 만들고 있다"(요 10:33)고 말하는 사람들에게 구세주는 자신의 인성의 이유를 알려줌으로써 대답을 대신하셨다. 그는 "아버지께서 거룩하게 하시어 세상에 보내신 사람이 자기를 하나님의 아들이라고 한 말을 가지고 어찌하여 너희는 내가 하나님을 모독한다고 하느냐?"(요 10:36)고 말씀하셨다. 여기서 그가 말씀하고 계시는 성화는 신성에 의한 육체의 성화를 의미하는 것이다. 왜냐하면 몸은 인간적인 혼의 공급에 의해서가 아니라 하나님의 거룩케 하심에 의해서 살게 되는 것이고 전체가 완전히 결합되어 하나가 되는 것이기 때문이다. 더구나 "아버지께서 거룩하게 하시어 세상에 보내신 사람"이란 말로써 그는 성화시키는 자가 성화되는 자와 함께 성화된다는 것을 의미하셨고 그럼으로써 성화시키는 자를 성화되는 자와 결합시키셨다.

(13) 그는 다른 곳에서 이 성화를 처녀에게서의 출생으로 설명하셨다. "나는 진리를 증언하려고 태어났으며 진리를 증언하려고 이 세상에 왔다"(요 18:37). 보통 사람은 육체의 의지와 남편의 의지에

따라 혼을 부여받고 살아가게 된다. 즉 사정된 정자가 자궁에 생명력을 제공한다. 그러나 처녀에게서 난 거룩한 아기는 성령의 임재와 능력으로 만들어졌다. 정자가 신적인 생명을 초래한 것이 아니었다. 영적인 신의 능력이 처녀에게서 신적인 잉태를 가능하게 하였고 신적인 아들을 선사하였던 것이다.

(14) 그리하여 그리스도의 높아짐과 "모든 이름 위에 뛰어난 이름"을 얻게 되는 사건이 연합의 방법을 통해 일어났다(비록 그 높아짐은 아래에서 올라온 육체에나 적합한 표현이지만 말이다). 그러나 육체가 스스로 올라온 것이 아니기 때문에 포괄적인 언어를 사용하여 전체의 그리스도가 "높아졌다"고 표현된 것이다. 그리고 은총은 영원히 영광스런 말씀에 영광을 더할 수 없기 때문에(영원히 존재하는 것은 하나님의 모습으로 존재하고 하나님과 동등하다) 비천에서 영광의 자리로 높아진 그의 육체에 의거하여 그는 은총을 받았다고 표현된다.

(15) 주님은 육체 가운데 계실 때도 자기가 하나님과 동등하다고 말씀하셨다. 요한이 말하는 바에 의하면 그는 하나님이 자기 아버지라고 말씀하시면서 자기를 하나님과 동등하게 취급하셨다. 비록 육체가 이전에 없던 것을 받았기 때문에 "모든 이름 위에 뛰어난 이름"의 은총을 받은 것이 전체의 그리스도에게 귀속되었지만 여전히 그는 자기가 이미 소유하고 계신 것을 받으실 수는 없는 것이다(육체가 하나님으로부터 받은 것은 정욕의 괴로움이 없는 비정욕성 땅의 삶이 아닌 하늘의 삶 사람에게 복종하는 종의 신분이 아닌 왕의 권세 다른 것을 경배하는 대신 온 우주의 경배를 받는 것들이다).

(16) 또한 누구든지 "모든 이름 위에 뛰어난 이름"에서 은총의 요소를 제거시킨다면 그는 그 둘 모두 즉 육체와 말씀을 제대로 취급하지 못하는 것이 된다. 왜냐하면 만일 말씀에게 은총이 의미하는 바와 그것을 소유하지 못한 자에게 은총이 의미하는 바가 같다

면 "모든 이름 위에 뛰어난 이름"은 더 이상 은총으로 주어진 것이 아닌 것이 된다. 그리고 만일 그가 이것을 은총에 의해서가 아니라 본성에 의해서 소유하셨다면(자신의 신성으로 그것을 소유하는 방식으로) 그 이름이 그에게 주어지는 것은 불가능하다.

(17) 따라서 필연적으로 육적인 것과 신적인 것이 모두 "전체의" 그리스도에게 속하는 것이 되어야 한다. 연합의 상태로 존재하는 여러 가지 것들의 경우에 각각의 특징이 무엇인지 제대로 인식하지 못하는 사람은 서투르게 자기 모순에 빠지게 되지만 각각의 특징을 알고 동시에 연합을 보존하는 사람은 본성을 혼동하지 않고 연합에 대해 무식을 떨지 않을 것이다.

단편집

9. 동일하신 한 분이 완전한 인간이고 동시에 하나님이라면 그리고 경건한 영이 인간을 경배하는 것이 아니라 하나님을 경배한다면 이는 그를 경배하는 동시에 경배하지 않는 것으로 판명될 것이다—그러나 그것은 불가능하다. 더구나 인간은 자신을 경배의 대상으로 삼지 않는다…그러나 하나님은 자신을 경배의 대상으로 알고 계신다. 그러나 같은 사람이 자신을 경배의 대상으로 알고 동시에 경배의 대상으로 알지 못하는 것은 불가능하다. 따라서 같은 존재가 동시에 하나님과 완전한 인간일 수는 없는 것이다. 차라리 그는 육체와 혼합된(commingled) 성육신하신 신성의 단일성으로 존재해야 하는 것이다. 그 결과 경배자들은 육체로부터 분리될 수 없는 하나님에게 그들의 관심을 돌리고 경배의 대상이 되고 동시에 경배의

대상이 되지 않는 존재에게는 관심을 돌리지 않는 것이다…

10. 오 새로운 창조와 신적인 혼합이여! 하나의 본성으로 완결된 하나님과 육체여!

17. 하늘에서 내려온 인간은 땅에서 난 인간이 아니라고 그는 말한다. 그러나 그는 하늘에서 내려왔지만 인간이다. 복음서에서 주님이 이 칭호를 거부하지 않으셨기 때문이다.

18. 그러나 만일 사람의 아들이 하늘에서부터 왔고 하나님의 아들이 여자에게서 태어났다면 동일한 인물이 하나님이자 한 인간이 아니겠는가?

19. 그러나 그는 이렇게 말한다. 그는 육신을 입은 영에 의해서는 하나님이고 하나님이 취하신 육에 의해서는 인간이다.

22. 그러나 육체 안에는 혼이 있다. 왜냐하면 그것이 영에 대항하여 싸우고 지성의 법을 거부한다고들 말하기 때문이다. 그래서 우리는 이성이 없는 짐승의 몸도 혼을 가지고 있다고 말한다.

25. 그래서 하나님을 자신의 영 즉, 자신의 지성으로 가지고 있는 그리스도는 혼과 몸과 함께 "하늘로부터 오신 사람"으로 정당하게 불릴 수 있다.

26. 그래서 바울은 첫번째 아담을 몸을 가진 혼으로 부르고 있다.

28. 따라서 바울은 첫번째 아담을 몸을 가진 몸 없이 존재하지 않는 혼으로 부르고 있는데 그 혼은 전인을 지칭하는 이름으로 사용되어서 그 자체로 불릴 때는 혼이지만 영까지 포함하는 단어로도 사용된다.

38. 이로써 우리에게 아버지의 일을 말씀하시는 그 사람은 영원하신 창조자 하나님이시고 "그의 영광의 광채시요 그의 본바탕의 모습"이라는 것이 분명하다. 그는 자기의 영으로 하나님이 되시고 다름 아닌 자기 안에 하나님을 가지신 하나님이시다. 그는 자기의 육체를 통해 세상의 죄를 깨끗하게 하셨다.

41. 이로써 예언의 말씀은 그가 육신에 의해서가 아니라 육과 연

합한 영에 의해 하나님과 동일본질(coessential)이 되심을 증명한다.

42. 예수 그리스도가 누리시는 아버지와의 선재적 동등성을 보라. 그리고 그가 이후에 취득한 인간의 모습을 보라. 그가 동시에 완전한 인간과 완전한 하나님이 될 수 없다는 것을 이보다 더 확실히 보여주는 것이 무엇이겠는가?

45. 그의 가장 높은 부분이 인간과의 동일본질이 아니기 때문에 그는 인간이 아니고 인간과 비슷할 뿐이다.

69. 그 자신이 사실 다른 인간들처럼 몸을 입은 지성이 아니었다면 그는 인간의 모양으로 태어나지 않았을 것이다.

70. 주님이 만일 몸을 입은 지성이 아니라면 그는 인간의 지성을 일깨우는 지혜일 텐데 이것은 모든 인간들의 경우와 다름 없는 것이다. 그렇다면 그리스도의 임재는 하나님의 방문이 아니고 한 인간의 출생이 되어버렸을 것이다(역자 주—지혜의 영감을 받는 평범한 인간이 되어버렸을 것이다).

71. 말씀이 육신을 입은 지성이 아니라 지성 속의 지혜였다면 주님은 내려오셨거나 자신을 비우신 것이 아니다.

72. 그는 이렇게 인간이셨다. 왜냐하면 바울이 말하기를 인간은 육신 안에 있는 지성이기 때문이다.

74. 만일 그리스도 안에 지성이신 하나님 이외에 인간의 지성이 함께 존재한다면 성육신의 행위는 그리스도 안에 이루어지지 않은 것이다. 그러나 스스로 움직이는 아직 미정상태에 있는 인간의 지성 안에서 성육신의 행위가 이루어진 것이 아니라면 그 성육신의 행위(죄의 파멸)는 육신 안에서 이루어진 것이다(이 육신은 외부로부터 움직여지고 신적인 지성에 의해 힘을 공급받는다). 반면 스스로 움직이는 우리의 지성은 자신을 그리스도에게 동화시키는 정도에 따라 죄의 파멸에 참여한다.

76. 따라서 인류의 구원은 지성이나 전인을 취함으로써 이루어진 것이 아니라 통제를 받아야 하는 본성을 지닌 육신을 취함으로써

이루어지는 것이다. 인류에게 필요한 것은 나약한 지식 때문에 육의 지배에 빠지는 일이 없는 지성 곧 육체를 무리없이 자기에게 순응시키는 불변의 지성이었다.

85. 주님은 한 인격체이고 살아있는 한 유기체이기 때문에 그의 육체는 경배의 대상이 된다.

87. 만일 모든 사람들-천사들보다 뛰어난 한 사람이 하나님과 결합하였다고 누군가 생각한다면 이는 마치 자율권이 없는 육체의 경우처럼 사람들과 천사들로부터 자율권을 빼앗는 것이다. 자율권을 잃는 것은 자율적인 피조물의 파멸을 의미한다. 그런데 어떤 본성도 자기를 창조하신 분에 의해 파괴되는 법이 없다. 따라서 인간은 하나님과 결합하지 않았다(역자 주—그가 말하고 싶은 것은 육체가 하나님과 결합했다는 것).

89. 만일 인간이 세 부분으로 구성되어 있다면 주님도 분명히 인간이 되신다. 왜냐하면 그는 영과 혼과 몸의 세 부분으로 구성되어 있기 때문이다. 그러나 그는 하늘의 인간이시고 생명을 주는 영이시다.

91. 만일 그가 네 부분으로 구성되어 있고 우리가 세 부분으로 구성되어 있다면 그는 인간이 아니라 인간-하나님이 된다.

93. 인간의 공통적인 파멸을 기다리며 인간으로 남아 있는 한 그는 세상을 구원할 수 없다. 그리고 하나님이 우리와 혼합되지 않는 한 우리는 구원받을 수 없다. 그러나 그는 육체 즉 인간이 되시면서 우리와 혼합되셨다. 복음서가 말씀하듯이 그는 육체가 되실 때 우리 가운데서 육신의 장막을 입으셨다(tabernacled). 그러나 그가 죄를 지을 수 없는 인간이 되시지 않는 한 인간의 죄를 해소시키지 못하고 그 자신이 사람으로 죽고 다시 일어나지 않는 한 모든 사람들을 억압하는 죽음의 권세를 파괴하지 못한다.

108. 그의 한 본성으로부터 나오는 여러 기적들과 고난들에서 드러나듯이 우리는 그의 행위가 하나라는 것을 알고 있다. 그리고 그

는 육신을 입으신 하나님이시기 때문에 하나이시고 하나의 신적인 의지에 의해서만 움직이신다.

109. "아버지 만일 가능하시다면 이 잔을 내게서 지나가게 해 주십시오. 그러나 나의 뜻대로 마옵시고 당신의 뜻대로 하시옵소서"(마 26:39)의 구절은 그의 안에 서로 대립하는 두 주체의 서로 다른 의지가 있다는 것을 의미하는 것이 아니라 그의 안에는 신에 의해 주동이 되는 한 주체의 의지만이 존재하지만 성육신의 이유 때문에 그가 죽음을 면하게 해 달라고 요청하신다는 것을 의미한다. 왜냐하면 이 말씀을 하시는 분은 육체를 가지신 하나님이시기 때문이다. 그래서 그의 의지에는 아무 분열이 없다.

117. 행동의 도구 즉, 몸을 취하신 하나님은 자기가 주동하신다는 의미에서는 하나님이시고 사용되는 도구의 측면에서는 인간이시다. 그는 하나님으로 계시면서 변하지 않으셨다. 도구와 사용자는 자연히 단일한 행동을 한다. 그래서 행동이 하나이면 본질(*ousia*)도 하나이다. 따라서 로고스와 그의 도구의 한 본질이 생겨나게 된 것이다.

123. 순전한 것은 하나이지만 부분들로 구성된 것은 하나가 아니다. 그래서 말씀이 육신이 되셨다고 말하는 사람은 단일한 말씀에게 변화의 속성을 부여하는 것이다. 그러나 인간의 경우처럼 부분들로 구성된 것이 역시 하나가 될 수 있다면 육신과의 연합을 근거로 하여 "말씀이 육신이 되셨다"고 말하는 사람은 부분들로 구성된 것의 경우와 같이 말씀이 하나라고 주장하는 것이다.

124. 성육신은 비움을 뜻한다. 그러나 그 비움은 한 인간을 보여준 것이 아니라 변화를 통해서가 아닌 덧입음을 통해서 "자신을 비우신" 인자를 보여주었다.

126. 비이성적인 몸을 가진 사람들은 비이성적인 동물들과 동일본질이다. 그러나 자기들이 이성적인(*logikoi*)한 그들은 다른 본질을 지닌다. 마찬가지로 육신으로 사람과 동일본질이 되신 하나님도

자신이 로고스이며 하나님인 한 다른 본질을 지니신다.

127. 섞인 것들의 성질들은 파괴되는 것이 아니라 혼합된다. 그래서 포도주가 물로부터 분리되는 식으로 어떤 일정한 부분은 섞이는 요소들로부터 분리된다. 몸과의 혼합에서나 몸들 사이에 일어나는 종류의 혼합에서도 섞이지 않는 요소를 지니고 있지 않는 혼합은 없다. 따라서 시시 때때로 신적인 행위가 육체로부터 물러나기도 하고 그것과 혼합되기도 한다. 주님의 금식의 경우가 그 예이다. 부족함을 느끼지 않는 신성이 몸과 혼합되었을 때 배고픔은 사라졌다. 그러나 부족함을 느끼지 않는 그런 신적인 초월성이 인간적 갈망과 대립되지 않을 때 그에게는 배고픔이 찾아왔다(이는 마귀를 파멸시키기 위해서였다). 그런데 몸들의 혼합이 이렇게 변화를 알지 못하는데 신적인 몸은 더욱 더 그러하지 않겠는가?

128. 만일 쇠와의 혼합 즉, 쇠가 불의 일을 하는 만큼 스스로 불로 인식되는 그런 혼합이 쇠 자체의 본성을 변화시키지 않는다면 하나님과 몸의 결합도 몸의 변화를 유발하지 않는다(비록 그 몸이 자기에게 닿는 것들에게 신의 능력을 전달할 수는 있지만 말이다).

129. 인간이 혼과 몸을 모두 가지고 있다면 그리고 이것들이 결합할 때 스스로의 성질을 보존하고 있다면 신성과 몸을 가진 그리스도께서는 더욱 더 그 둘을 혼동(역자 주: 뒤죽박죽 섞인 상태) 없이 그대로 유지하고 계시지 않겠는가?

8
몹수에스티아의 테오도르

교리적 단편들

"성육신에 대하여" 5권 단편 1

그리스도의 본성들을 구별하는 사람은 언제나 어느 한 가지를 먼저 발견하고 그 다음에 다른 것을 발견해야 한다. 나의 적대자들조차도 이 사실을 부인하지 않는 것으로 보이는데 그 이유는 본성의 입장에서 따지자면 분명히 로고스 하나님과 취해진 것은(그것이 어떤 것인지는 몰라도) 서로 별개의 것이기 때문이다. 그러나 그리스도는 인격의 수준에서는 같은 분으로 발견된다(역자 주—테오도르는 여기서 로고스와 "취해진 것"이 그리스도를 구성하는 두 요소라고 말하는 것 같다). 이는 본성들의 혼동(역자 주—마구잡이 식의 뒤섞임)의 결과가 아니라 취해진 것이 취하시는 분에게 연합되는 것으로 인해 그렇게 되는 것이다. 만일 본성으로 따질 때 취해진 것이 취하시는 분과 다르다고 한다면 취해진 것이 취하시는 분과 절대 동등할 수 없다는 것이 명백하다. 그러나 인격의 수준에서는 그는 연합으로 인해 똑같은 분으로 발견될 것이다.

그러므로 그리스도의 속성들을 이런 식으로 구분하는 것은 필수적이다. 그리고 사실 그런 구분을 반대할 어떤 이유도 없고 또한 그것은 성서를 엄밀하게 따르고 있다. 이 문제를 그런 식으로 이해하게 될 때 본성들의 혼동이나 잘못된 인격의 구분은 절대 일어나지 않게 된다. 취해진 것과 취하는 분이 서로 구분되기 때문에 각 본성의 특성은 아무 혼동 없이 드러나야 하고 취하는 분과 취해진 것이 한 이름으로 불리기 때문에 인격적 연합의 견지에서 볼 때 그리스도의 인격은 분할되지 않도록 해야 한다. 그래서 우리는 "아들"이란 용어를 사용함으로써(이런 식으로 표현하는 것이 허락된다면) 말씀 하나님과 "취함을 받은 본성"을 동시에 지칭하게 되는 것이다.

"성육신에 대하여" 7권 단편 2

내주하심이 어떻게 일어나는지 알게 되면 그 내주하심의 일반적인 형태와 그것의 독특한 점을 알게 된다. 어떤 사람들은 내주하심이 "본질"에 의해 일어난다고 주장하고 또 어떤 사람들은 그것이 "능동적 활동"에 의해 일어난다고 주장한다. 그래서 이제 그 둘 중에서 어느 것이 옳은지 알아보겠다.

우선 하나님이 모든 사람 안에 거하시는지 그렇지 않은지 알아보자. 하나님이 모든 사람 안에 내주하시는 것이 아니라는 것은 명백한 사실이다. 왜냐하면 하나님은 그런 내주하심을 어떤 특별한 것으로서 성도들에게 약속하셨고 또는 일반적으로 말해서 하나님이 자신에게 헌신하기를 원하시는 사람들에게 그것을 약속하셨기 때문이다. 만일 모든 사람들이 이미 그것을 가지고 있다면 왜 하나님은 "나는 그들 가운데 거하고 그들 가운데서 거닐 것이다. 나는 그들의 하나님이 되고 그들은 나의 백성이 될 것이다"(레 26:12)고 약속하셨겠는가? 마치 그가 그들에게 어떤 특별한 것을 선사하시는 것처럼 말이다. 따라서 만일 그가 모든 것 안에 거주하시는 것이 아니라면(이것은 확실한 사실이다)—나는 여기서 "모든 존재"를 의미하는 것이 아니라 "모든 인간들"을 의미한다—필연적으로 어떤 특별한 종류의 내주하심이 즉 그가 특정적으로 어떤 사람들에게만 거하신다는 그런 종류의 내주하심이 있어야 한다.

하나님이 "본질"로써 내주하신다고 말하는 것은 가장 부적합한 표현이다. 왜냐하면 그 경우에는 그의 본질이 내주하심을 받는 것들에만 독점적으로 제한되어야 하고 그렇게 되면 그 밖의 다른 모든 것들과의 관계에서는 외부적인 것이 되어 버리기 때문이다(이것은 어디에나 존재하고 어떤 공간적 요소에도 제한받지 않는 하나님의 무한한 본성을 생각해 볼 때 도저히 불가능한 결론이다). 또한 만일 우리가 하나님이 자신의 본질로 어디에서나 존재한다고 주장할 수 있다면 모든 것들은 반드시 그의 내주하심을 공유해야 할 것이다. 즉 내주하심이 본질로써 그것들 모두 안에 이루어진다면 사람들 뿐만 아니라 비이성적인 동물들까지 그리고 생명이 없는 것들까지 그의 내주하심을 공유해야 할 것이다. 그러나 하나님이 모든 것들 안에 거주하신다고 말하는 것은 터무니없는 소리이고 그의 본질을 제한하는 것은 도저히 불가능한 것이기 때문에 이상의 두 가지 결론들은 확실히 부적당한 것으로 판명된다. 따라서 본질에 의해 내주하심이 일어난다고 말하는 것은 아주 어리석은 것이다.

우리는 "능동적 활동"의 경우에도 똑같은 말을 할 수 있을 것이다. 왜냐하면 이 경우에도 하나님이 자신의 활동을 그가 내주하시는 자들에게만 제한할 필요가 있기 때문이다. 그렇다면 하나님이 모든 것을 미리 아시고 다스리시며 모든 것들에게 적합한 대로 능동적으로 활동하신다는 말이 어떻게 진실일 수 있겠는가? 또 그 반대로 모든 것이 그의 능동적 활동을 공유한다고 가정하자. 모든 것이 그로부터 힘을 얻고 있기 때문에 이 가정은 실제로 적합하고 논리적으로 보인다. 사실 그는 존재하는 모든 피조물들을 지으시고 그것들이 자체의 본질에 따라 활동하도록 만드신 것 같이 보인다. 그러나 그렇다면 우리는 그가 모든 것 안에 거주하신다고 말해야 할 것이다. 따라서 하나님이 자신의 본질에 의해서 또는 자신의 능동적 활동에 의해서 내주하신다고 말하는 것은 불가능하다.

그렇다면 남은 것은 무엇인가? 우리는 어떻게 설명해야 이 문제들에 대한 적합한 설명을 명시적으로 할 수 있겠는가?

우리는 내주하심이 "선의"에 의해 이루어진다고 말하는 것이 가장 적합하다고 생각한다. "선의"란 하나님의 가장 숭고한 의지를 뜻하는데 그는 자기에게 가장 열심히 헌신하는 자를 기뻐하실 때 그들의 훌륭한 모습을 보시고 그들에게 선의를 보이신다. 이것이 성서에서 자주 발견되는 용법이다. 그래서 복자(福者) 다윗은 이렇게 썼다. "그는 말(horse)의 힘을 기뻐하지 않으신다. 그는 남자의 다리에서 기쁨을 찾으시지도 않는다. 주님은 자기를 두려워하는 자에게서 자기의 자비를 원하는 자에게서 기쁨을 누리신다"(시 146:10-11 70인역). 하나님은 "자기를 두려워하는" 사람들 이외에 다른 어떤 사람들을 도우시기를 기뻐하지 않으시고 그들과 같이 일하기를 원치 않으신다. 그러나 하나님은 자기를 두려워하는 사람들을 중요하게 생각하시고 그들과 함께 일하시며 그들을 도우시는 것을 기뻐하신다.

그러므로 이런 식으로 그의 내주하심을 이야기하는 것이 옳다. 하나님은 본성의 측면에서 볼 때 무한하게 제한없이 존재하시는 분이기 때문에 그는 모든 것들과 함께 하신다. 그러나 "선의"의 측면에서 볼 때 그는 어떤 사람들에게서는 멀리 계시고 어떤 사람들에게는 가까이 계신다. 그래서 성서는 이 개념에 따라 이렇게 말씀한다: "주님은 깨어진 가슴을 가진 사람들에게 가까이 계시고 통회하는 심령을 가진 자들을 구원하신다"(시 33:19 70인역). 또 다른 곳에서 이렇게 말씀한다. "나를 당신의 목전에서 멀리 내어 치지 마시고 거룩한 영을 내게서 거두어 가지 마옵소서"(시 1:13 70인역). 그는 기질상 자신과 함께 있을 자격이 되는 사람들과 함께 계시고 죄인들로부터는 떨어져 계신다. 그가 본성에 의해서 어떤 사람들로부터는 떨어져 계시고 다른 사람들에게는 가까이 계시는 것이 아니다. 그는 자기 의지의 성향에 따라 그 두 가지 관계를 만드시는 것이다. 이것이 그가 자신의 선의에 의해 가까워지거나 멀어지게 되는 방법이다(이것은 우리가 지금까지 "선의"의 의미를 고찰한 것에서 분명히 증명되었다. 우리가 그 단어의 의미를 확정하기 위해 그런 수고를 한 것도 이점을 명백히 하기 위해서였다). 그리고 마찬가지로 그는 자기의 선의에 의해서 그의 내주하심을 완성하신다. 그는 자기의 본질과 능동적 활동을 자기가 내주하는 자들에게만 국한시키거나 나머지 사람들로부터는 멀리 떨어져 있는 것이 아니라 자기의 본질로는 모든 사람들과 함께 존재하시지만 자기의 은혜의 성향으로는 자격없는 자들로부터 떨어져 계신 것이다. 이런 식으로 그의 무한성은 더욱 더 확실히 보존되고 어떤 외부적 필연성에 종속되지 않게 된다. 만일 그가 선의에 의해 모든 곳에 존재한다면 그는 또 다른 의미에서 외부적 필연성에 종속되는 것으로 보일 것이다. 왜냐하면 그는 더 이상 자신의 의지에 의해서가 아니라 본성의 무한함에 의해 존재하게 될 것이고 그렇게 되면 그의 의지는 그의 본성의 지배를 받게 되기 때문이다. 그러나 그는 본성에 의해 모든 것에 존재하시고 의지에 의해 어떤 것들로부터 떨어져 계시기 때문에 적합하지 않은 사람은 그 어느 누구도 하나님의 임재로부터 도움을 얻지 못하게 되는 것이다. 이렇게 하나님의 본성의 참되고 순수한 무한성은 그대로 보존되는 것이다.

그는 선의에 의해서 어떤 사람들과는 함께 하시고 다른 사람들로부터는 멀리 떨어져 계신다(그는 마치 본질에 의해서 그 "다른 사람들"로부터 멀리 떨어져 있는 것처럼 "어떤 사람들"과 함께 하신다). 내주하심이 선의에 의해 이루어지는 것과 마찬가지로 선의는 그의 내주하시는 형태를 변화시킨다. 즉 하나님의 내주하심을 가능케 하고 그를 그의 본질에 의해서는 모든 곳에 존재하시는 분으로 그리고(선의에 의해서는) 소수의 사람들 안에서만 내주하시는 분으로 만드는 것이 그의 내주하시는 형태까지도 전적으로 결정한다. 그는 본질에 의해서는 모든 사람들 안에 존재하시지만 선의에 의해서는 모든 사람들 안에 거하시지 않고 자기가 함께 하는 사람들 안에만 거하신다. 그래서 그가 내주하신다고 할 때 그의 내주하시는 형태는 한 종류가 아니다. 그의 내주하시는 형태는 그의 선의의 정도에 따라 변한다.

따라서 그가 사도들이나 일반적인 사람들 안에 거하신다고 할 때 그는 의로운 사람들을 기뻐하시는 분으로서 충분한 덕을 갖춘 사람들을 기뻐하시는 분으로서 그들 안에 내주하시는 것이다. 그러나 우리는 이런 방식으로 하나님의 내주하심이 그리스도 안에 이루어졌다고 말하지 않는다. 우리는 그 정도로 정신이 나간 사람들이 아니다. 하나님의 내주하심은 "아들로서" 그 안에 내주하신 것이다. 바로 그런 의미에서 하나님이 그를 기뻐하시고 그 안에 내주하신 것이다.

그러나 "아들로서"가 의미하는 것은 무엇인가? 그것이 의미하는 것은 하나님이 그 안에 내주하실 때 그는 취해진 것 전체를 자신에게 결합시키시고 본성상 아들인 그가 하나님의 모든 영광에 참여함으로써 그것을 함께 소유할 수 있도록 하셨다는 것이다. 이는 하나님께서 그와의 결합을 통해 자신을 한 인격으로 간주하시고 그와 함께 자신의 모든 권세를 공유하심으로써 모든 것을 그 안에서 성취하시기 위함이었다. 그래서 세상의 심문과 재판이 그의 재림을 통해 성취되게 하려 하심이었다. 물론 이 모든 것에서 자연적 특성의 차이점들은 유지되어야 한다.

"성육신에 대하여" 7권 단편 3

우리가 결국 미래의 상태에 도달하게 될 때 우리의 몸과 혼은 완전히 성령의 지배를 받게 될 것이다. 그러나 우리는 이미 성령의 도움으로 반드시 혼의 지시를 따르지 않아도 될 정도의 일종의 그 미래적 상태의 부분적 첫 열매들을 지금 가지고 있다. 이와 마찬가지로 주님도 모든 행동에서 로고스와 완전히 같은 행동을 할 때가 되기도 전에 벌써 능력들을 행하시기에 충분한 만큼의 힘을 자기 안에 소유하고 계셨다(비록 "나중 단계에서" 하나님의 로고스가 그의 안에서, 그를 통해서 완전한 방법으로 일하시게 되고 그러면서 그가 모든 행동에서 로고스와 같은 행동을 하게 되었지만 말이다). 그는 정해진 십자가에 달리시기 전에도 우리를 위한 의의 행위를 행하실 수 있었다. 그리고 그런 일을 하실 때에도 당연히 이루어야 할 것의 완전한 실현을 위해 로고스의 격려를 받으며 도움을 받으셨다. 그는 자기 어머니의 뱃속에서 지음을 받는 처음 순간부터 로고스와 결합하셨다. 그리고 그가 성장하여서 무엇이 선하고 무엇이 악한지를 판단할 능력이 생겼을 때(그러나 사실은 그 나이 훨씬 이전에) 그는 다른 사람들보다 이 면에서 더욱 빠르고 더욱 예리한 판단력을 보이셨다. 사실 평범한 사람들 중에서도 판단력은 모든 사람에게서 똑같이 그리고 동시에 생겨나지는 않는다. 어떤 사람들은 필요한 것을 더 빠르게 그리고 더 위대한 목적을 가지고 추구하고 또 어떤 사람들은 같은 것을 장기간의 훈련을 통해 얻는다. 그런데 그에게서는 이 판단력이 다른 사람들에 비해 예외적으로 보통의 나이보다 훨씬 먼저 발생하였다. 그의 인간적인 성질들이 보통 사람들의 경우보다 우월한 것은 당연한 것이었다. 왜냐하면 그는 인간의 공통의 본성인 한 남자와 한 여자의 본성으로부터 태어난 것이 아니라 성령의 신적인 능력에 의해 지음을 받았기 때문이다.

그는 로고스 하나님과의 연합으로 인해 고상한 것들을 향한 보통 이상의 성향을 지니고 계셨다. 그는 로고스 하나님의 선지에 의해 그러한 연합을 누릴 만한 자격을 가지고 계셨고 로고스는 위로부터 그를 자신에게로 연합시키셨다. 이상의 모든 이유들로 말미암아 그는 판단력과 더불어 악에 대한 철저한 증오심을 소유하셨고 자신의 확고한 사랑으로 그리고 자신의 목표를 성취하기 위해 로고스 하나님의 도우심을 받으며 선을 향해 자신을 세워 가셨다. 그 때로부터 그는 더 나쁜 것으로의 변화로부터 보존되었다(역자 주―당시의 사상 풍조로 볼 때 변화는 항상 나쁜 쪽으로의 변화를 의미했다). 한 편 그는 자신의 의지로써 그 길에 충실하였고 또 한 편 그의 목표는 로고스 하나님의 도움으로 굳게 보호되었다. 그리고 그는 세례 이전에 율법을 지키는 것이라든지 아니면 세례 이후에 은혜 가운데서 하늘의 시민으로 생활하는 것에서 최고의 덕을 향해 가장 쉽게 진행하셨다. 그는 말하자면 우리에게 하늘의 시민권의 모형이 되셨고 그 목표를 위한 길이 되셨다. 그래서 나중에 그가 부활 승천하신 후 자기가 스스로의 의지에 의해 연합의 자격을 얻었음을 보여주셨을 때―비록 이보다 훨씬 이전에 즉 그가 지음을 받은 순간에 벌써 그가 주님의 선의로 말미암아 연합을 허락받았던 것이지만 그는 확실하게 연합의 증거를 제공하셨다. 왜냐하면 그는 로고스 하나님의 활동으로부터 자신을 분리하는 어떤 것도 자신 안에 가지고 있지 않았고 연합을 통해 자신 안에서 모든 것을 이루시는 로고스 하나님을 가지고 있었기 때문이었다.

"성육신에 대하여" 7권 단편 4

우리는 말씀이 그를 통해 모든 것을 이루신다는 사실에 기초하여 인격의 단일성을 이해한다. 이 단일성은 하나님의 선의에 기초한 내주하심에 의해 가능하게 된다. 따라서 우리는 하나님의 아들이 하늘로부터 심판자로 오신다고 할 때 그의 재림을 사람의 재림과 말씀 하나님의 재림으로 이해한다. 이는 말씀 하나님이 본성에서 그와 비슷하게 되기 위해 자기의 품격을 낮추셨기 때문이 아니라 선의를 통해 그와의 단일성을 이루셨기 때문이다. 로고스는 그를 통해 모든 것을 성취하신다.

"성육신에 대하여" 7권 단편 5

"그리고 예수는 나이가 자라고 지혜가 자라며 하나님과 사람에게 은총을 더욱 많이 받으셨다"(눅 2:52). 분명히 시간이 흘러감에 따라 그의 나이는 자랐고 각각의 나이에 맞는 이해력을 소유함에 따라 그의 지혜는 자랐다. 그러나 그는 이해와 지식을 뒤따르는 덕을 추구함으로써 은총을 더욱 많이 받으셨다. 그래서 그는 계속적으로 하나님의 도움을 받으셨고 하나님과 사람들의 눈으로 볼 때 모든 면에서 성장하셨다. 사람들은 이 성장을 목격했고 하나님은 그것을 목격하셨을 뿐만 아니라 그것에 대해 증거하시기까지 하시면서 예수가 하시는 일을 도우셨다. 그가 다른 사람들에 비해 더욱 엄밀하고 더욱 쉽게 덕을 성취하신 것은 분명한 사실이다. 왜냐하면 그가 어떤 인물이 되는지 미리 아신 로고스 하나님이 그가 잉태되는 즉시 그와 연합하셨고 해야 할 일을 성취하시기 위해 그에게 더욱 넘치는 도움의 힘을 허락하셨기 때문이었다. 로고스는 그가 전 인류를 구원하기 위해 행하는 모든 것을 주도하셨고 혼의 고난이든지 몸의 고난이든지 간에 대부분의 그의 고난을 그에게 밝히 알려주시면서 그를 더욱 완전함으로 이끄셨다. 이렇게 로고스는 더욱 완전하고 더욱 쉽게 덕을 성취하도록 그를 준비시키셨다.

"성육신에 대하여" 7권 단편 6

미리 아심에 따라 "취함을 받은 자"는 처음부터 하나님과 연합하였다. 그는 자기 어머니의 뱃속에서 맨 처음 지어질 때 연합의 근본을 제공받았기 때문이다. 그리고 그는 이미 연합의 자격을 부여받았기 때문에 독생자/우주의 통치자와 연합한 사람이 정당하게 가질 수 있는 모든 것을 가지셨고 특별한 연합으로 말미암아 다른 사람들에 비해 훨씬 월등한 선물을 받기에 합당하셨다. 이렇게 그는 모든 인류를 초월할 정도의(그래서 그들의 경우와는 다른 방법으로) 성령의 내주하심을 받으신 첫번째 사람이었다. 그는 자신 안에 전체의 성령의 은혜를 받아들이셨고 다른 사람들로 하여금 그 온전한 성령에 부분적으로 참여할 수 있도록 하셨다. 그래서 성령은 그의 안에서 총체적으로 활동하신 것이었다. 말해진 것은 소리이기 때문에 인간의 것이지만 말해진 것의 능력은 그와는 다른 강력한 것이었다.

"성육신에 대하여" 8권 단편 7

모든 면에서 볼 때 우선 "혼합"의 개념은 극히 부적합하고 부조리한 것임에 틀림없다. 각 본성이 그 자체로 분명히 남아있기 때문이다. 반면에 "연합"의 개념은 확실히 적합한 개념이다. 왜냐하면 본성들이 그 연합을 통해 한 인격을 이루기 때문이다. 그래서 주님께서 남자와 여자를 가리켜 "그러므로 그들은 더 이상 둘이 아니고 한 육체이다"(마 19:6)라고 말씀하실 때 우리는 연합의 논리에 의거하여 각 본성들은 확실히 서로 구분되지만 "그들은 두 인격이 아니라 한 인격이다"라고 말할 수 있는 것이다. 결혼의 예로 볼 때 육체의 단일성이 주체의 이중성과 모순되지 않는 것과 마찬가지로 그리스도의 경우에서도 인격적 연합은 구분가능한 본성들에 의해 파괴되지 않는다. 우리는 본성들을 구분할 때 말씀 하나님의 본성이 온전하고 그의 인격도 온전하다고 고백한다—왜냐하면 인격없는 본체(hypostasis)는 없기 때문이다. 또한 우리는 사람의 본성이 온전하고 그의 인격도 온전하다고 고백한다. 그러나 우리가 연합을 생각할 때 우리는 한 인격을 말하는 것이다.

"성육신에 대하여" 8권 단편 8

마찬가지로 우리는 말씀 하나님의 본질이 그 자신의 것이고 사람의 본질도 그 자신의 것이라고 말한다. 왜냐하면 본성들은 구분되지만 연합에 의해 생겨난 인격은 하나이기 때문이다. 그래서 우리는 본성들을 구분할 때 사람의 인격은 온전하고 신의 인격도 온전하다고 말한다. 그러나 연합에 대해서는 우리는 두 본성들이 한 인격이라고 선언한다. 왜냐하면 인성은 피조물에게 속하는 것을 뛰어넘는 영광을 신성으로부터 받기 때문이고 신성은 사람에게 적합한 모든 것을 완성시키시기 때문이다.

"성육신에 대하여" 9권 단편 9

"로고스가 육신이 되셨다"는 표현이 변화의 과정을 지칭하는 것이라면 "그가 거하셨다"는 표현은 어떻게 이해해야 할까? 내주하는 것과 내주함을 받는 것이 서로 다르다는 것은 누구에게나 분명한 사실이다…이는 그가 우리의 본성을 취하시고 그 본성 안에 거하시며 우리의 구원에 관계하는 모든 것을 우리의 본성 안에서 행하시기 위해 "우리 가운데 거하셨기" 때문이다. 그렇다면 어떻게 말씀 하나님이 내주하심을 통해 육체가 "되셨는가"? 분명히 말해서 그가 변화되었거나 변질되었기 때문이 아니었다. 그랬다면 성서에는 내주하심에 대해 아무런 언급도 없었을 것이다.

"성육신에 대하여" 9권 단편 10

우리의 경우 장소에 입각하여 이야기되는 것은 하나님의 경우 의지에 입각하여 이야기된다. 그래서 우리가 우리 자신에 대해 "나는 이 곳에 있었다"고 말하는 것처럼 우리는 하나님에 대해 그가 이 곳에 계셨다고 말할 수 있는 것이다. 왜냐하면 우리의 경우 움직임을 통해 일어나는 일이 하나님의 경우에는 의지를 통해 이루어지기 때문이다(하나님은 본성상 모든 곳에 계시기 때문이다. 역자 주: "본성"으로 따질 때 하나님은 모든 곳에 계시지만 "의지" "선의"로 따질 때 하나님은 자기가 원하시는 곳에 계신다).

"성육신에 대하여" 12권 단편 11

아무도 그들의 교묘한 질문들에 현혹되어서는 안된다(사도가 말씀하듯이). 구름 떼와 같은 수많은 증인들을 무시하며 교묘한 질문들에 현혹되어 원수들의 편에 가담하는 것은 치욕적인 것이다. 그들이 교묘히 질문하는 것이 무엇인가? "마리아는 사람의 어머니인가 아니면 하나님의 어머니인가?" "십자가를 진 분이 누구인가? 하나님인가 아니면 사람인가?" 그러나 이런 어려운 질문들에 대한 대답은 우리가 이미 말한 것으로 충분하다. 그러나 그들의 간계(奸計)가 빈 공간을 찾지 못하게 하기 위하여 우리는 이야기해야 할 바를 간략하게 설명하고자 한다.

그들이 마리아가 사람의 어머니인가 하나님의 어머니인가 하고 물을 때 우리는 "둘 다"라고 대답해야 한다. 즉 본성에 의해서는 사람의 어머니이고 관계에 의해서는 하나님의 어머니라고 대답해야 한다. 그녀의 뱃속에 있는 것이 사람이고 그녀에게서 나온 것이 사람이기 때문에 마리아는 본성으로는 사람의 어머니이다. 그러나 지음을 받은 자 안에 하나님이 계셨기 때문에 그녀는 하나님의 어머니이다(하나님은 본성상 그 안에 갇혀있을 수 없지만 자신의 의지의 결정에 따라 그 안에 계셨던 것이다).

따라서 "둘 다"라고 말하는 것이 옳다(비록 같은 의미에서는 아니지만 말이다). 로고스-하나님은 마리아의 뱃속에 있을 때 사람처럼 비로소 존재하기 시작하신 것이 아니었다. 그는 모든 피조물이 나기 전에 벌써 존재하셨기 때문이다. 따라서 각자에게 적당한 의미에서 "둘 다"라고 말하는 것이 옳다.

그리고 그들이 "하나님이 십자가에 달리신 것인가 아니면 사람이 달린 것인가?"라고 물을 때 우리는 같은 대답을 해야 한다. 우리는 "둘 다 그러나 같은 의미에서는 아니지만"이라고 대답해야 한다. 인간이 고통당하고 십자가에 못 박히고 유대인들의 손에 넘겨졌다는 의미에서는 인간이 십자가에 달린 것이다. 그러나 우리가 이미 제시한 이유로 하나님이 그와 함께 계셨기 때문에 하나님이 십자가에 달리신 것이기도 하다.

9

칼케돈 회의에 이르는 논쟁들

"하나님의 어머니"에 대항하는 네스토리우스의 첫번째 편지

　교회에서 통찰력이 있는 사람들의 목표는 참 종교의 가르침이고 참 종교의 가르침은 섭리에 대한 지식이다. 그런데 섭리는 아는 사람은 하나님이 몸과 혼의 수호자가 되시는 것을 아는 사람이다. 이 점을 알지 못하고 하나님을 경배하는 자는 분명히 진리를 모르고 있다. 왜냐하면 성서에 기록된 바와 같이 "그들은 자기들이 하나님을 안다고 공언하지만 자기들의 행하는 행위로는 그를 부인하기"(딛 1:16) 때문이다.

　더구나 창조주는 필연적으로 자기가 창조한 자들 돌보신다. 주님은 필연적으로 자기가 다스리는 자들을 염려하시고 가정의 머리도 필연적으로 식구들의 보호자가 된다. 그러나 우리들에게는 그렇게 위대한 통치를 감당할 만한 힘이 없다.

　창조주 하나님께서는 나를 어머니의 뱃속에서 지으셨다. 그리고 내가 그 비밀스런 곳에서 존재하게 된 것은 하나님이 최고의 보증

이 되셨기 때문이다. 나는 태어나서 젖이 나는 샘들을 발견한다. 나는 음식을 잘게 쪼갤 필요성을 느끼기 시작하고 이빨에 일종의 칼의 기능이 있는 것을 발견한다. 나는 성장하고 창조 세계는 나의 부유함의 원천이 된다. 땅은 아래로부터 음식물을 제공하고 해는 하늘 높이 등불이 되어 밝게 빛난다. 봄은 나에게 꽃들을 선사하고 여름은 익은 곡식을 제공하고 겨울은 비를 주고 가을은 포도나무에 선물들을 주렁주렁 매달아 놓는다.

우리는 얼마나 빈부(貧富)의 불공평한 삶을 살고 있는가? 그러나 필멸적 존재들은 다른 방법으로는 존재를 유지할 수가 없다. 이런 환경 가운데 우리가 어떤 보호 장치를 가지고 있는지 생각해 보자. 부자들은 곡식의 부패를 두려워하여 그것을 쉽게 필요한 사람들에게 팔게 되어 있고 포도 소유주는 포도의 변질성 때문에 그것을 가게에 내다 팔 수밖에 없다. 그러나 금은 부패하지 않고 시간의 흐름에 영향받지 않기 때문에 그것이 시장에 나오지 않아도 가난한 사람들은 아무런 해를 받지 않는다. 부자들이 자기들의 금을 꼭 움켜쥐고 있어도 여전히 나에게는 음식을 팔아야만 한다. 그런데 왜 부자들의 재산이 나를 슬프게 하는 것일까?

인류가 자기에게서 가장 멀고도 가장 가까운 선물인 주님의 성육신의 영광을 허락받았을 때 인류는 수천 가지 선물들을 부여받은 것이었다. 인간은 신성의 형상이었다. 그러나 마귀가 이 형상을 망치고 그것을 부패 속으로 던져버렸을 때 하나님은 마치 왕이 자기 동상(銅像)에 대해 슬퍼하듯 자기 형상에 대해 슬퍼하셨고 그 손상된 모양을 다시 회복시키셨다. 그는 남자의 씨 없이 아담의 것과 똑같은 본성을 처녀 안에서 지으셨고(아담 자신도 남자의 씨 없이 창조되었다) 한 인간을 통해 인류의 회복을 달성하셨다. 그래서 바울은 이렇게 말한다. "한 사람으로 말미암아 죽음이 들어왔으니 또 한 사람으로 말미암아 죽은 사람의 부활도 온다"(고전 15:21).

주님의 성육신의 섭리에 대해 무지한 나머지 스스로 "무엇을 말하고 있는지 무슨 주장을 하고 있는지 모르는"(딤전 1:7) 사람들은 지금까지 내가 한 말에 주의를 기울여야 한다. 그들은 언제나 이런 질문을 한다. "마리아는 '하나님의 어머니'인가 아니면 '사람의 어머니'(anthrōpotokos) 즉 한 인간을 낳은 어머니인가?"

하나님이 어머니를 가지고 있단 말인가? 그리스 사람들은 아무 거리낌없이 신들의 어머니들을 도입하고 있다. 그렇다면 그리스도의 신성에 대하여 "그는 아버지도 없고 어머니도 없고 족보도 없다"(히 7:3)고 말한 바울이 거짓말쟁이라는 말인가? 친구여 마리아는 하나님을 낳지 않았다. "육으로부터 난 것은 육"(요 3:6)이기 때문이다. 피조물은 창조될 수 없는 분을 낳지 않았다. 성부께서 최근에 로고스-하나님을 처녀에게서 낳게 하신 것이 아니다. 요한복음 1:1이 말씀하는 대로 "태초에 로고스가 계셨기" 때문이다. 피조물이 창조주를 낳은 것이 아니다. 그녀는 한 인간 신성의 도구를 낳은 것이다. "그녀에게서 난 것이 성령으로 말미암았다"(마 1:20)고 해서 성령이 로고스-하나님을 창조한 것이 아니다. 성령은 처녀에게서 로고스-하나님이 거주하실 성전을 만드신 것이다.

성육신하신 하나님은 죽지 않으셨다. 도리어 그는 성육신받은 자를 일으키셨다. 그는 자신을 낮추시고 넘어진 자를 일으키셨지만 자신은 넘어지지 않으셨다. "하나님께서 하늘에서 사람의 아들들을 굽어보셨다"(시 14:2). 그가 넘어진 죄인들을 들어올리시기 위해 자기를 낮추셨다고 해서 마치 그가 땅 위로 곤두박질한 것처럼 그를 얕잡아 봐서는 안된다. 하나님은 파괴된 본성을 보시고 자기의 능력으로 그 파괴된 상태 그대로를 담당하셨다. 하나님은 자기의 원래의 위치를 계속 유지하시면서 그것을 붙드셨고 그것을 높이 들어올리셨다.

쉬운 예를 들면 이렇다. 만일 우리가 쓰러져 있는 누군가를 일으키려 한다면 우리는 우리의 몸을 그의 몸에 접촉시키고 그를 우리에게 기대게 해서 그 다친 사람을 일으키지 않겠는가? 그러나 우리가 그렇게 한다고 해서 우리의 원래의 상태를 잃는 것이 아니다. 이것이 성육신의 신비를 올바르게 생각하는 방법이다…

그래서 "그는 하나님의 형상이셨다"(빌 2:6)라는 말을 들은 사람들이 그의 본성을 결국 일시적인 것으로 변한 것으로 오해하지 않도록 하기 위해 바울은 "그의 영광의 광채이신 분"(히 1:3)이란 표현을 사용했다. 실제로 요한은 로고스와 성부 사이의 상호 공유의 영원성을 설명하면서 이렇게 말했다. "태초에 로고스가 계셨다"(요 1:1). 그는 현재형 동사를 사용하여 "태초에 로고스가 계시고 로고스는 하나님이시다"라고 하지 않았다. 그는 "태초에 로고스가 계셨다. 로고스는 하나님과 같이 계셨고 로고스는 하나님이셨다"라고 말했다. 그가 그렇게 말한 이유는 인성을 가지신 분의 원래의 존립 상태가 주요 논쟁거리이기 때문이었다(역자 주—요 1:1에 사용된 동사는 미완료형으로서 '지속'의 의미를 가지고 있다. 이것에 기초하여 이해하자면 로고스는 한 순간만 하나님이셨던 것이 아니라 이전에도 이후에도 계속 하나님이셨다는 말이 된다). 그러나 바울은 신적인 존재가 성육신하셨고 그 성육신하신 하나님의 불변성이 연합 이후에도 항상 지속되었다고 주장한다. 그는 이렇게 외친다. "여러분은 이런 태도를 가지시오. 그것은 곧 그리스도 예수께서 보여주신 태도인데 그는 하나님의 모습을 지니셨으나…오히려 자기를 비워서 종의 모습을 취하셨다"(빌 2:5-7). 그는 이렇게 말하지 않았다: "여러분은 이런 태도를 가지시오. 그것은 곧 로고스-하나님께서 보여주신 태도인데 그는 하나님의 모습을 지니셨으나…오히려 자기를 비워서 종의 모습을 취하셨다." 그는 "그리스도"라는 단어로써 두 본성을 지칭하였고 그가 취하신 "종의 모습"과 하나님의 모습을 모두 그리스도에게 적용하였다. 본성이 둘이라는 신비한 사실 때문에 두 가지의 서로 다른 표현 방식이 허용된 것이다.

그리스도인들에게 선포되어야 하는 것은 하나님으로서의 그리스도는 절대 변화하실 수 없다는 사실이다. 그러나 이 뿐만이 아니다.

그는 원래의 자기로 존재하시면서 동시에 "종의 모습"을 취하실 정도로 그렇게 자비로우시다는 사실도 아울러 선포되어야 한다. 그는 연합 이후에 변화를 겪으시지 않으셨을 뿐만 아니라 자비로우시고 공의로우신 분으로 계시되었다.

 죄인들을 위한 무죄의 죽음은 그의 육체에 속한 것이었고 그가 자기의 원수들을 핑계로 하여 죽음을 거절하지 않은 것은 한량없는 자비의 선물이었다. 그래서 바울은 "의로운 사람을 위해서라도 죽을 사람은 거의 없다"(롬 5:7)고 쓰고 있는 것이다. 또한 하나님께서 한 인간을 통해 전 인류를 받아들이시고 아담과의 화해를 이루신 것은 광대한 공의의 정책이었다. 그것은 범죄한 본성을 자유롭게 하여 다시 한번 하나님을 기쁘시게 하도록 하는 것이었고 이전 같으면 벌써 처벌을 받았어야 마땅한 빚을 진 본성을 사면해 주는 것이었다. 인간은 하나님으로부터 불평거리가 없는 완벽한 삶을 제공받았지만 자신의 의무를 이행하지 못했다. 혼은 덕을 잃어버리게 되면서 자신의 부주의로 인해 발생한 정욕들에 이리저리 끌려 다니기 시작하였다. 그래서 경건과 덕을 소유한 사람은 아주 드물었다. 당시의 타락한 상태에서 그것을 소유한 것으로 보이거나 실제로 소유했던 사람들을 생각해 보라! 온 세계를 통틀어 빚이 지배하고 있었고 죄의 결과들이 드러나고 있었다. 그래서 바울은 "모든 사람이 죄를 범하였고 하나님의 영광에 이르지 못했다"(롬 3:23)고 쓰고 있는 것이다.

 이때 주님 그리스도는 어떻게 하셨는가? 그는 인류가 죄에 묶여 회복의 가능성을 잃어버린 것을 보시고 자비가 정의를 무너뜨리지 않게 하시기 위해 단순히 명령으로 빚을 없애지 않으셨다. 사도 바울이 이에 대한 증인인데 그는 이렇게 외친다. "하나님께서 정의를 드러내시기 위해 그리스도를 속죄물로 주셨다. 누구든지 믿음으로 그 피를 받으면 속죄함을 받는다"(롬 3:25). 하나님은 자비가 정의로운 것으로 드러나게 하시고 아무 판단없이 자기가 원하는 대로 여기저기 은혜를 베푸는 그런 종류의 하나님이 되시지 않기 위해 그리스도를 속죄물로 주셨다.

그리스도는 빚으로 찌든 본성을 지닌 사람을 입으시고 그것을 매개로 하여 아담의 아들로서 그 빚을 청산하셨다. 왜냐하면 빚을 청산할 사람은 그 빚을 진 사람이 속한 종족에서 나와야 하기 때문이었다. 그 빚은 한 여자로부터 시작하였고 그것의 청산도 역시 한 여자로부터 시작하였다.

그러나 빚의 청산이 어떤 것인지 알기 위해서는 먼저 그 빚이 어떤 종류의 것인지를 알아야 한다. 아담은 음식 때문에 벌을 받게 되었다. 그러나 그리스도는 사막에서 스스로 금식하시면서 음식으로 유혹하는 마귀의 조언을 거절하심으로써 아담이 처벌을 면할 수 있도록 하셨다. 아담은 하나님을 대적하여 신성을 구하는 죄를 범했다. 그는 "네가 하나님 같이 될 것이다"(창 3:5)라고 말한 마귀의 유혹에 귀를 기울였고 마귀가 제공한 미끼를 재빠르게 물었기 때문이었다. 그러나 그리스도는 마귀가 "네가 나에게 엎드려 절하면 모든 것을 주겠다"(마 4:9)고 권세를 약속했을 때 "사탄아 물러가라. 너는 주 하나님을 섬기고 그에게만 경배해야 한다"(마 4:10)고 말씀하심으로써 아담을 해방하셨다. 아담은 나무에 대해 불순종함으로써 처벌을 받았지만 그리스도는 나무 위에서 "복종하심"(빌 2:8)으로써 그 빚을 갚으셨다. 그래서 바울은 "그는 우리에게 불리한 조문들이 들어 있는 죄의 문서를 지워 버리시고 그것을 십자가에 못박으셨다"(골 2:14)고 말한 것이다. 더욱이 그리스도는 우리를 대신하여 회복을 성취하신 분이다. 왜냐하면 그 안에서 우리의 본성이 빚을 갚았기 때문이다. 그는 우리의 본성을 지닌 사람을 취하셨고 자기의 고난으로 우리의 고난을 제거해 주셨다. 그래서 바울은 "우리는 그의 피로 구속함을 받았다"(엡 1:7)고 말하는 것이다.

이제 우리의 본성이 그리스도 안에서 하나님이 지켜보시는 가운데 마귀를 대항하여 변론을 하고 다음과 같이 적절한 논쟁을 벌이는 것을 보라. "가장 공의로운 재판관님 나는 부당하게 억압당하고 있습니다. 그 사악한 마귀가 나를 공격합니다. 그는 부정한 권세로 나의 무력함을 이용하여 나를 대적합니다. 그는 죄의 근거이기 때문에 첫 아담을 죽음에 넘겨주었습니다. 그런데 왕이시여, 당신이 처녀에게서 지으신 둘째 아담을 무슨 죄목으로 십자가에 못박았단 말입니까? 그가 도둑들과 함께 둘째 아담을 십자가에 매단 이유가 무엇이란 말입니까? 어찌하여 죄를 짓지 않은 분이 입에 간사함이 없는 분이 범죄자들과 같이 취급낭하는 것입니까(벧전 2:22; 사 53:12)? 아니면 마귀의 저주스러운 속마음이 명백하지 않을 수 있단 말입니까? 주님 그는 당신의 형상을 지닌 나를 공공연히 시기합니다. 아무 이유없이 나를 공격하고 나를 넘어뜨리려 합니다. 나를 위해 공의로운 재판관이 되어 주십시오. 당신은 아담의 범죄 때문에 나에게 화를 내십니다. 당신께 간구하건대 당신이 죄없는 아담과 연합하셨다면 그를 위해서라도 우리에게 호의를 베풀어주십시오. 첫째 아담으로 인해 나를 부패에게 넘겨주셨다면 둘째 아담을 생각하셔서 나를 비부패에 참여하게 해 주십시오. 둘 다 나의 본성을 가지고 있기 때문입니다. 내가 첫째 아담의 죽음을 공유하였다면 둘째 아담의 영원한 생명에도 참여하는 자가 될 수 있을 것입니다."

"나는 확실하고도 논쟁의 여지가 없는 논법을 사용했습니다. 나는 모든 방면에서 원수들을 이겼습니다. 만일 아담 때문에 부패가 나의 것이 된 사실을 가지고 그가 나를 공격한다면 나는 죄를 짓지 않은 그분의 생명에 호소함으로써 그 공격을 막아낼 것입니다. 만일 그가 아담의 불순종을 이유로 나를 고발한다면 나는 둘째 아담의 순종을 이유로 그를 정죄할 것입니다. 마귀를 이기시고 승리를 주도하시는 그리스도께서 이렇게 말씀하십니다. '지금은 이 세상이 심판받을 때이고 이제는 이 세상의 통치자가 쫓겨날 것이다'"(요 12:31).

마귀는 첫째 사람의 죄를 이유로 그의 모든 후손에게 대항하였고 그의 첫번째 고소 내용을 반복하였다. 그러나 우리의 본성은 그리스도 안에서 그의 온전한 몸의 순전한 첫 열매를 소유하게 됨에 따라 마귀에 대항하여 싸우기 시작하였고 그가 전에 사용했던 것과 똑같은 무기 즉, 몸을 사용하여 그를 무찔렀다. 만일 마귀가 전에 아담의 죄를 근거로 우리를 정죄했던 논리를 지금도 다시 사용하려 한다면 이는 불리한 작전이다. 왜냐하면 그리스도의 첫 열매는(역자 주: 인성. 아래를 보라) 흠없는 기원을 가지고 있기 때문이다. 바울은 말한다. "그리스도 예수는 우리의 죄를 위해서 죽으셨을 뿐 아니라 오히려 죽은 자들로부터 다시 살아나셔서 하나님의 오른편에 계시며 우리를 위하여 대신 간구하여 주신다"(롬 8:34). 처음에 지음을 받은 아담이 자기의 죄로 인해 온 인류에게 형벌을 초래한 것과 마찬가지로 그리스도가 마치 의복을 입으시듯 입으신 우리의 인성 즉 모든 죄에서 완전히 자유롭고 흠없는 기원을 가지고 있는 그리스도의 인성이 우리를 위하여 대신 간구한다. 이것은 취함을 받은 사람이 얻은 절호의 기회였다. 즉 한 인간으로서 육체를 이용하여 육체로 인해 생겨난 부패를 파괴할 절호의 기회였다. 세번째 날의 매장은 이 사람에게 속한 것이지 신에게 속한 것은 아니었다. 못으로 단단히 고정된 것이 그의 발이었고 성령이 뱃속에서 만든 자가 바로 그였다. 그리고 주님께서 "이 성전을 헐라. 그러면 사흘만에 내가 그것을 다시 일으킬 것이다"(요 2:19)고 유대인들에게 말씀하신 것이 바로 이 육체를 두고 말씀하신 것이었다.

나 혼자만이 그리스도를 "이중적인 분"으로 부르는 것인가? 그 스스로 자신을 파괴 가능한 성전과 그것을 다시 일으키시는 하나님으로 부르시지 않았는가? 만일 허물어진 것이 하나님이었다면—이 신성 모독은 아리우스의 머리로 옮겨져야 한다—주님은 이렇게 말씀하셨을 것이다. "이 하나님을 헐라. 그러면 사흘만에 내가 그를 다시 일으킬 것이다." 만일 하나님께서 무덤에 묻히실 때 죽으셨다면 "왜 너희는 진리를 너희에게 말해 준 사람인 나를 죽이려고 하느냐?"(요 8:40)고 한 복음서의 말씀은 무의미한 것이 될 것이다.

그러나 중상을 일삼는 자야 그리스도는 단순한 인간이 아니시다. 그는 하나님이신 동시에 인간이시다. 아폴리나리스(Apollinaris)야, 그가 하나님만 되신다면 그는 이렇게 말씀했을 것이다. "왜 너희는 진리를 너희에게 말해 준 하나님인 나를 죽이려고 하느냐?" 그러나 그가 말씀한 것은 "왜 너희는 사람인 나를 죽이려 하느냐?"였다. 이분이 바로 가시 면류관을 쓰신 분이었다. 이분이 바로 "나의 하나님 나의 하나님 어찌하여 나를 버리셨습니까?"(마 27:46)하고 말씀하신 분이었다. 이분이 바로 사흘간 죽음을 당하신 분이었다. 그러나 나는 하나님과 함께 이분을 경배한다. 왜냐하면 그는 신적인 권위를 가지신 분이기 때문이다. 그래서 성서는 말씀한다. "그러므로 형제 여러분 그리스도로 말미암아 우리에게 죄의 용서가 선포된다는 것을 여러분은 알아야 한다"(행 13:38).

"하나님께서 그리스도 안에서 우리에게 해 주신 것같이 서로 친절히 하고 불쌍히 여기라"(엡 4:32)는 말씀이 기록되어 있기에 나는 그를 로고스의 선하신 도구로서 숭배한다. 또한 "나는 여러분이 성부 하나님과 그리스도의 신비를 아는 지식에 이르기를 바란다. 그 안에 지혜와 지식의 보화가 감추어져 있다"(골 2:1-3)고 기록되어 있기에 나는 하나님의 충고를 접하는 장소로서 그를 숭배한다. 나는 하나님을 대신하여 우리에게 약속하시는 "모습"으로서 그를 인정한다. 그는 "나를 보내신 분은 참되시고 나는 그에게서 들은 것을 말한다"(요 8:26)고 말씀하셨다. 나는 그를 평화의 보증으로서 찬양한다. "그는 둘을 하나로 만드시고 둘 사이를 가로막는 장벽 즉 적대감들을 자기의 육체 안에서 무너뜨리신 우리의 평화이시기"(엡 2:14) 때문이다. 나는 그를 신의 분노를 누그러뜨리는 속죄자로서 경배한다. 왜냐하면 "하나님은 그리스도를 속죄물로 주셨고 누구든지 믿음으로 그 피를 받으면 속죄함을 받기"(롬 3:25) 때문이다. 나는 필멸적 존재들을 위한 영생의 시작으로서 그를 사랑하고 존경한다. 왜냐하면 "그는 그의 몸인 교회의 머리이시고 근원이시고 죽은 사람들로부터 맨 먼저 살아나신 분"(골 1:18)이기 때문이다. 나는 그를 찬란히 빛나는 신성의 거울로 생각한다. 왜냐하면 "하나님은 그리스도 안에서 세상을 자기와 화해하시기"(고후 5:19) 때문이다. 나는 그를 왕의 살아 움직이는 영광으로서 사랑한다. 왜냐하면 "그는 하나님의 모습을 지니셨으나 자기를 비워 종의 모습을 취하시고 사람과 같이 되셨기"(빌 2:6-7) 때문이다. 나는 죽음의 손으로부터 생명으로 나를 옮기신 하나님의 손으로서 그를 찬양한다. 왜냐하면 그는 "내가 땅에서 올리우고 나면 모든 사람들을 나에게로 이끌 것이다"(요 12:32)고 말씀하셨기 때문이다. 그리고 그 신실한 성서 기자는 올리우신 분이 누구인지 이렇게 기록한다. "이것은 예수께서 자기가 당하실 죽음이 어떠한 것인지를 보이시려고 하신 말씀이다"(요 12:33). 나는 신적인 것들을 이해하는 문으로써 그를 경이롭게 쳐다본다. 왜냐하면 그는 "나는 문이다. 누구든지 이 문으로 들어오면 자유함을 얻고 들어오고 나가면서 살 곳을 찾을 것이다"(요 10:9)라고 말씀하셨기 때문이다. 나는 그를 전능하신 하나님의 형상으로서 경배한다. 왜냐하면 "하나님께서 그를 높이시고 모든 이름 위에 뛰어난 이름을 그에게 주셨고 그리하여 예수의 이름 앞에 하늘과 땅 위와 땅 아래에 있는 이들 모두가 무릎을 꿇게 하시고 모두가 예수 그리스도는 주님이시라고 고백하게 하시기"(빌 2:9-11) 때문이다. 나는 인간을 취하신 분 때문에 태어난 자를 숭배하고 감추어져 있는 분 때문에 보이는 자를 경배한다. 하나님은 보이는 자로부터 분리되어 있지 않기 때문에 나도 분리되지 않은 자의 영광을 분리하지 않는다. 나는 본성을 분리한다. 그러나 경배는 분리하지 않는다.

여기서 논의되고 있는 것을 주목하라. 뱃속에서 지음을 받은 것은 그 자체로 하나님이 아니었다. 성령에 의해 창조된 것은 그 자체로 하나님이 아니었다. 무덤에 묻힌 것은 그 자체로 하나님이 아니었다. 만약에 그랬다면 우리는 분명히 인간의 경배자와 죽은 자의 경배자가 되었을 것이다. 그러나 취해진 자 안에 하나님이 계시기 때문에 취해진 자는 자기를 취하신 분 때문에 하나님으로 호칭되었다. 마귀들이 십자가에 달리신 육체의 이름만 들어도 벌벌 떠는 이유가 바로 거기에 있다. 그들은 하나님이 십자가에 달린 육체와 결합하셨다는 것을 알고 있다(비록 그가 육체의 고난을 함께 당하시지는 않았지만 말이다).

사람들이 눈으로 본 이 사람이 전능하신 하나님과 결합하였기 때문에 그가 심판자로 다시 오실 것이다. 그래서 성서는 이렇게 기록한다. "그 때에 인자가 올 징조가 하늘에서 나타날 터인데 그 때에는 그들이 인자가 권능과 영광으로 하늘 구름을 타고 오는 것을 볼 것이다"(마 24:30). 승리를 거둔 왕이 전쟁에서 적을 정복할 때 사용한 무기를 가지고 자기 나라에 들어가서 자신을 보이고 싶어하는 것처럼 만물의 주님이신 왕께서도 불경건을 정복하실 때 사용한 무기들을 보여주시기 위해 십자가와 자기의 육체를 가지고 피조물들에게 나타나실 것이다. 그리고 그는 전능하신 권세를 지닌 한 인간의 모습을 하고 땅을 심판하실 것이다. 그래서 바울은 이렇게 선포하였다. "하나님께서는 무지의 시대에는 그대로 지나치셨지만 이제는 어디에서나 모든 사람에게 회개하라고 명하신다. 그것은 하나님께서 세계를 심판하실 날을 정하셨기 때문이다. 하나님께서는 자기가 정하신 사람을 내세워서 심판하실 터인데 그를 죽은 사람들 가운데서 살리심으로 모든 사람들에게 확신을 주셨다…"(행 17:30-31).

하나님이 만드셨다…그래서 우리는 신적인 로고스와 더불어(로고스는 신적 권세의 분리 불가능한 형상이시고 숨겨진 심판자의 형상이시다) 하나님을 받아들인(*theodochos*) 그 "모습"을 생각할 때—주님의 성육신을 생각할 때—떨지 않을 수 없다. 본성들의 이중성이 단일성으로 말미암아 하나가 되었기 때문에 우리는 둘을 고백하고 그 둘을 하나로 숭배한다. 바울이 독생자의 영원한 신성과 최근에 출생한 인성을 모두 선포하는 것을 들어라. 그리고 연합 또는 결합을 통해 그가 하나가 된 사실에 주목하라. 바울은 "예수 그리스도는 어제나 오늘이나 영원히 한결같다"(히 13:8)고 말한다. 아멘.

네스토리우스에게 보내는 알렉산드리아의 시릴의 두 번째 편지

하나님의 사랑을 받는 지극히 거룩한 동료 목사인 네스토리우스에게.

시릴로부터.

주님 안에서 문안합니다.
나는 어떤 사람들이 당신 앞에서 나를 중상하며 계속 수다를 떨고 있는 것을 알고 있습니다. 게다가 그들은 특별히 신경을 써서 정부 관리들의 모임에 참석하여 그들 앞에서 나를 자주 비판합니다(분명히 그들도 당신에게 아첨할 것으로 추측하면서 말입니다). 그들은 지각없는 말을 합니다. 왜냐하면 그들은 어쨌든 부당한 취급을 받은 적이 없기 때문입니다. 그 반대로 그들은 정당하게 정죄되었습니다. 한 사람은 눈먼 사람들과 가난한 사람들에게 해를 입혔고 또 한 사람은 자기 어머니를 칼로 위협했습니다. 그리고 또 한 사람은 한 여종과 짜고 금을 훔쳤는데 이 사람은 가장 극악한 원수에게서도 발견되지 않을 정도의 그런 악평을 받고 있는 사람입니다. 하여튼 이런 부류의 사람들의 말은 나에게 별로 중요하지 않습니다. 왜냐하면 나는 나의 주님과 교부들을 능가할 정도로 그렇게 위대한 사람이 아니기 때문입니다. 어떤 생활을 하든지 사악한 자들의 해악을 피하는 것은 불가능합니다.

"저주와 악독이 가득한 입을 가진"(롬 3:14) 그 사람들은 모든 사람을 심판하실 분 앞에서 보고를 해야 할 것입니다. 나로서는 나에게 관계된 문제들로 다시 돌아가야겠습니다. 그리스도 안에서 함께 형제된 당신에게 지금 조언하고 싶은 것은 평신도들을 위해서 가능한 한 안전하게 믿음에 대한 가르침과 사색 사이의 균형을 유지하라는 것입니다. 또 우리가 명심해야 할 것은 그리스도를 믿는 이 작은 자들 중 하나라도 넘어지게 하면 용서받지 못할 진노를 초래한다는 것입니다.

그러나 만일 고민하고 있는 사람들이 굉장히 많이 있다면 우리는 당연히 우리의 모든 기술을 동원하여 조리있게 걸림돌을 제거하고 동시에 진리를 찾는 사람들을 위해 믿음에 관한 건전한 가르침을 베풀어야 합니다. 더구나 우리가 거룩한 교부들의 가르침을 접하면서 그것을 소중히 여기고 그리고 성서에 기록된 대로 "우리가 진리 안에 있는가 스스로 시험하기 위해"(고후 13:5) 그들의 나무랄 데 없는 올바른 생각들에 따라 우리의 생각들을 정립한다면 우리는 가장 잘 가르치는 것입니다.

이제 위대하고도 거룩한 공의회는 이렇게 발표하였습니다: 성부 하나님에게서 자연적으로 나시고 참 하나님으로부터의 참 하나님이시고 빛으로부터의 빛이시고 그를 통해 아버지께서 존재하는 모든 것을 만드신 독생자께서는 몸소 이 땅에 내려오셔서 육을 입으시고 인간이 되시고 사흘만에 다시 일어나셔서 하늘로 승천하셨습니다.

우리는 위의 진술들과 가르침에 충실해야 하고 하나님으로부터 오신 로고스가 육신을 취하시고 인간이 되셨다는 말이 무슨 뜻인지 이해해야 합니다. 우리는 로고스가 자신의 본성이 변화함으로써 육신이 되셨다고 말하지 않습니다. 또 그가 혼과 몸으로 이루어진 완전한 인간으로 변하셨다고 주장하지도 않습니다. 그 반대로 우리는 표현 불가능하고 이해 불가능한 방법으로 로고스가 자기의 본체(hypostasis) 안에서 이성적 혼을 지닌 육체와 결합하셨고 그런 방식으로 인간이 되신 후 "인간의 아들"로 칭함을 받게 되셨다고 말합니다. 그는 단순히 한 인격을 취하시는 것에 의해서 또는 의지의 행위나 "선의"에 의해서 인간이 되신 것이 아닙니다.

우리가 고백하는 것은 하나의 진정한 단일체로 된 두 본성은 비록 서로 다른 것들이지만 신비로운 단일성으로의 집중의 결과로 그 둘로부터 한 그리스도, 한 아들이 생겨났다는 것입니다. 바로 그런 의미에서 우리는 그가 영원 전에 아버지로부터 나서 존재하고 계셨지만 역시 한 여자에게서 육신 가운데 출생하셨다고 말하는 것입니다. 그가 거룩한 동정녀 안에서 그의 존재를 시작했다는 것이 아닙니다. 또 아버지로부터의 출생에 덧붙여 그녀로부터의 두번째 출생이 반드시 필요했다는 것도 아닙니다. 왜냐하면 아버지와 함께 영원 전부터 영원히 존재하시는 분이 두번째의 존재 방식을 필요로 하셨다고 주장하는 것은 어리석기도 하고 사리에 어긋나는 것이기도 하기 때문입니다. 그러나 로고스가 "우리와 우리의 구원을 위해서" 인간을 자기에게 본체적으로(hypostatically) 결합하신 후 한 여자에게서 태어나셨기 때문에 그는 육적인 출생을 가지고 계시다고 말할 수 있는 것입니다. 평범한 인간이 거룩한 동정녀에게 출생하고 그 다음에 로고스가 그 위에 내려온 것이 아닙니다. 그 반대로 연합이 자궁 자체에서 일어났기 때문에 그는 자기에게 속한 육체의 출생을 자기 것으로 만들기 위해 육적인 출생을 거치셨다고 말하는 것입니다.

우리는 그가 이런 방법을 통해 고난당하시고 죽은 자들 가운데서 다시 일어나셨다고 주장합니다. 로고스가 채찍질과 못 박힘과 다른 상해에 굴복하여 자기의 본성으로 고난당하셨다는 말이 아닙니다. 신은 비물질적(incorporeal)이므로 비고난적입니다. 그러나 그의 몸이 고난을 겪었기 때문에 그가 우리를 위해 이런 것들을 당하셨다고 말하는 것입니다. 비고난적인 분이 고난당하는 몸 안에 계셨습니다. 또한 우리는 그의 죽음에 대해서도 똑같은 이론을 전개합니다. 하나님의 로고스는 본성상 영원하시기 때문에 부패하지 않으시고 생명이신 동시에 생명을 주시는 분이십니다. 그러나 바울이 말씀했듯이 그의 몸이 "하나님의 은혜로 모든 사람들을 위해 죽음을 맛보셨기"(히 2:9) 때문에 우리는 그 자신이 우리를 위해 죽음을 당하셨다고 말하는 것입니다. 그의 신적인 본성에 관계하는 한 그가 실제로 죽음을 경험하셨다는 것이 아닙니다. 그렇게 생각하는 사람은 미친 사람입니다. 그런 것이 아니라 제가 이미 말했듯이 그의 육체가 죽음을 맛본 것입니다.

또 그의 육체가 들림받았을 때 우리는 부활이 역시 그에게 속한 것이라고 말합니다. 그가 부패했다는 말이 아닙니다. 그의 몸이 들림을 받았다는 말입니다.

우리는 이런 의미에서 한 분 그리스도 주님을 고백합니다. 우리는 "로고스와 결합한 인간"을 경배하지 않습니다. "…와 결합한"이란 문구 때문에 구분이 둘 사이를 비집고 들어오지 못하게 하기 위해서입니다. 우리는 같은 한 분을 경배합니다. 왜냐하면 로고스의 몸은 그에게 낯설지 않으며 그가 아버지와 함께 옥좌에 앉을 때도 그를 동행하기 때문입니다. 두 아들이 함께 옥좌에 앉는다는 말이 아닙니다. 육체와의 연합을 통해 한 아들만이 자리에 앉는다는 말입니다. 그러나 만일 우리가 이 연합을 거부하고 마치 그것이 부적합한 것인 양 본체의 위계(位階)를 도입한다면 우리는 두 아들을 주장하게 되는 것입니다. 왜냐하면 그렇게 되면 온전한 전체를 둘로 쪼개서 한편으로는 "아들"의 칭호를 부여받은 인간과 또 한편으로는 아들의 칭호와 활동을 본성적으로 소유한 하나님의 로고스를 구분해야 하기 때문입니다.

따라서 한 분 주 예수 그리스도가 두 아들로 구분되어서는 안됩니다. 어떤 사람들이 인격들의 연합이 있다고 주장하고는 있지만 믿음의 올바른 표현은 그 쪽과 상관이 없습니다. 왜냐하면 성서는 로고스가 한 인격과 연합하였다고 말하지 않고 그가 육신이 되셨다고 말하기 때문입니다. 그리고 로고스가 육신이 되신다는 것은 그가 "우리와 같은 육체와 피를 가지신다는 것"(히 2:14) 우리 가운데서 자신의 몸을 취하신다는 것 여자에게서 사람으로 태어나신다는 것을 의미합니다. 그는 자기의 신적인 위치를 떠나시지 않았고 아버지로부터 출생하는 것을 그치지도 않으셨습니다. 그는 육신을 취하시면서 계속 원래의 자기를 유지하셨습니다. 이것이 바로 올바른 믿음이 어디에서나 외치는 바입니다. 그리고 이것이 거룩한 교부들이 이 문제에 대해 생각하는 방식입니다. 그래서 그들은 담대하게 그 거룩한 동정녀를 "하나님의 어머니"로 불렀습니다. 로고스 또는 신의 본성이 그 동정녀 안에서 자기의 존재를 시작했기 때문이 아닙니다. 그녀에게서 난 거룩한 몸, 로고스가 본체적으로 결합한 몸 이성적 혼을 가진 그 몸이 육적인 출생을 겪었기 때문입니다.

나는 이것들을 그리스도의 사랑에 의지하여 썼습니다. 나는 형제로서 당신을 권면하고 "그리스도와 택하심을 받은 천사들 앞에서" 우리와 함께 이것들을 생각하고 가르칠 것을 "명령합니다"(딤전 5:21). 이는 교회의 평화가 지속되고 하나님의 제사장들 사이에서 동일한 마음과 사랑의 끈이 끊어지지 않도록 하기 위해서입니다.

시릴에게 보내는 네스토리우스의 두 번째 편지

하나님을 두려워하는 지극히 거룩한 동료 목사인 시릴에게.
네스토리우스가 주님 안에서 문안합니다.

당신이 그 놀라운 편지로 우리를 비난한 것을 나는 용서합니다. 그것에 적합한 것은 치료에 유익한 아량의 정신과 적절한 시기에 실제 행동으로 답하는 것뿐입니다. 그러나 침묵은 더 큰 위험을 초래할 수 있기 때문에 우리는 침묵으로 일관할 수 없습니다. 그래서 나는 당신의 장황한 연설에 반하여 간단한 설명으로써 당신의 애매모호하고 소화가 잘 되지 않는 긴 열변의 방식을 피할 것입니다.

나는 특히 당신의 아주 현명하신 말들을 인용함으로써 이 편지를 시작하고자 합니다. 당신의 그 놀라운 가르침 중에 이런 구절이 있습니다.

"위대하고도 거룩한 공의회는 이렇게 발표하였습니다. 성부 하나님에게서 자연적으로 나시고 참 하나님으로부터의 참 하나님이시고 빛으로부터의 빛이시고 그를 통해 아버지께서 존재하는 모든 것을 만드신 그 독생자께서는 몸소 이 땅에 내려오셔서 육을 입으시고 인간이 되시고 사흘만에 다시 일어나셔서 하늘로 승천하셨습니다." 그런데 이것은 당신의 말입니다. 당신도 분명히 그것을 당신의 것으로 인정하고 있습니다.

참 종교를 위한 우리의 우정어린 충고를 들으십시오. 위대한 바울은 그의 친구 디모데에게 이렇게 썼습니다. "회중 앞에서 성서를 낭독하는 일과 권하는 일과 가르치는 일에 전념하십시오…그런 일을 함으로써 당신은 당신 자신과 청중들을 구원할 것입니다"(딤전

4:13-16).

"전념하라"는 말이 무슨 뜻입니까? 당신은 당신의 용서받을 만한 판단력 미숙으로 그 거룩한 자들의 가르침을 표면적으로 읽었고 그들이 영원하신 로고스의 정욕 가능성(passibility)을 가르치고 있다고 잘못 생각하였습니다. 내 말이 맞는 것 같거든 교부들이 말한 것을 더 자세히 읽어보십시오. 그러면 당신은 그들의 공통적인 신성한 의견에 따라 영원한 신성은 정욕적이지 않고 아버지와 함께 계신 영원한 신성이 태어난 것이 아니며 파괴된 성전을 일으키신 분 자신이 일어난 것이 아니라는 사실을 알게 될 것입니다. 만일 당신이 우호적인 교정을 받아들이기 위해 나의 말에 귀를 기울인다면 나는 그 거룩한 사람들의 진술을 당신에게 설명해 줌으로써 그들을 비방하고 그들을 통해 성서를 비방하는 잘못으로부터 당신을 구해 줄 것입니다.

그들은 "우리는 또한 우리 주 예수 그리스도 그의 독생자 아들을 믿는다"고 말했습니다. 그들이 어떻게 신성과 인성을 함께 지칭하는 명칭들을 즉 "주" "예수" "그리스도" "독생자" "아들"의 명칭들을 기초로서 설정하고 있는지 먼저 주목하여 보시고 그리고 그것들을 기초로 하여 그들이 어떻게 그의 인간 되심과 수난과 부활에 대한 가르침을 전개하는지 보십시오. 두 본성을 공통적으로 지칭하는 명칭들이 전면에 부각될 때 아들의 지위와 주님의 지위에 관계된 것들은 서로 분리되지 않게 되고 한 아들 속에서 각 본성에 속하는 것들은 혼동에 의해 위험스럽게 되지 않는 것입니다.

바울 자신이 그렇게 가르치고 있습니다. 그는 신이 인간이 되시는 행위에 대해서 그리고 그의 수난에 대해서 말을 할 때 우선 "그리스도"라는 칭호를 사용하고(이 칭호는 내가 이미 말씀드린 대로 두 본성에 공통적으로 적용되는 칭호입니다) 그 다음에 각 본성에 속하는 고유한 단어들을 도입합니다. 그는 이렇게 말합니다. "여러분은 이런 태도를 가지시오. 그것은 곧 그리스도 예수께서 보여주신 태도인데 그분은 하나님의 모습을 지니셨으나 하나님과 동등함을 당연하게 생각하지 않으시고"—인용을 축약하자면—"죽기까지 순종하셨으니 곧 십자가에 죽기까지 하셨다"(빌 2:5-8). 바울은 그의 죽음을 떠올리며 아무도 그것 때문에 로고스-하나님이 고난당할 수 있다는 생각을 하지 않도록 "그리스도"라는 단어를 삽입합니다. 왜냐하면 그 용어는 한 인격 안에서 고난성과 비고난성을 모두 의미하기 때문입니다. 그리하여 그리스도는 고난받는 동시에 고난받지 않는 분으로 즉 신성으로는 고난받지 않으시고 인성으로는 고난받는 분으로 안전하게 불리게 되는 것입니다.

이에 대해 더 많은 것을 이야기하고 싶지만—우선 그 거룩한 교부들이 하나님의 구원의 섭리에 대해서 말을 할 때 "출생"을 이야기한 것이 아니라 "한 인간 안으로 들어오심"에 대해 말했다는 사실—처음에 간단하게 설명하겠다고 약속했기 때문에 당신의 두번째 요점으로 넘어가겠습니다.

나는 이와 관련하여 인성과 신성간의 구별과 한 인격 안에서의 본성들의 결합을 주장했지만 로고스가 한 여인에게서의 두번째의 출생을 필요로 하셨다는 것은 부정하였습니다. 그리고 하나님은 고난받을 수 없다는 고백을 하였습니다. 분명히 이런 믿음은 주님의 본성들에 대해서 가장 정통적인 것이고 모든 이단들의 악한 가르침을 반대하는 것입니다. 그러나 지금부터의 논의가 어떤 비밀스런 지혜를 전하는 것이어서 보통의 독자들이 이해할 수 없는 것이라면 그것은 예리하신 당신이 이해할 내용입니다. 나는 관심의 초점을 근본적인 문제들에 집중하는 것이 옳다고 생각합니다. 나는 어떻게 당신이 고난당할 수 없고 두번째의 출생을 가질 수 없다고 선포된 분을 고난당할 수 있는 피조물로 새로 도입했는지 알 길이 없습니다. 마치 로고스-하나님에게 선천적으로 속하는 성질들이 그의 성전과의 결합으로 인해 순수성을 잃은 것처럼 그리고 마치 신성으로부터 분리될 수 없는 죄 없는 성전이 죄인들을 위해 출생과 죽음을 겪는 것이 사소한 일인 것처럼 말입니다. 또는 마치 주님께서 유대인들에게 "이 성전을 헐라. 내가 사흘만에 그것을 다시 일으킬 것이다"(요 2:19)라고 소리쳐 말씀하신 것이 믿을 만한 가치가 없는 듯이 말입니다. 그러나 그는 "나의 신성을 무너뜨려라. 내가 그것을 사흘만에 다시 일으킬 것이다"라고 말씀하시지 않았습니다.

역시 이 문제에 대해서도 계속 말하고 싶지만 내가 한 약속이 생각나서 주저하게 됩니다. 그러나 할 말은 간단하게나마 해야겠습니다.

주님의 구원의 섭리가 성서 도처에서 언급될 때마다 우리는 "신성"의 출생과 고난이 아닌 "그리스도의 인성"의 출생과 고난을 발견합니다. 따라서 보다 정확한 표현 방법을 사용하자면 거룩한 동정녀는 하나님의 어머니가 아니라 그리스도의 어머니(christotokos)로 불려야 합니다. "다윗과 아브라함의 아들 예수 그리스도의 출생에 관한 책"(마 1:1)이라고 쓴 복음서의 말씀에 귀를 기울이십시오. 다윗의 아들은 분명히 신적인 로고스가 아닙니다. 또 "야곱은 마리아의 남편 요셉을 낳았다. 마리아에게서 그리스도라고 하는 예수가 태어나셨다"(마 1:16)라는 말씀에 주목하십시오. "예수 그리스도의 태어나심은 이러하다. 그의 어머니 마리아가 요셉과 약혼하였을 때 마리아가 성령으로 잉태한 사실이 드러났다"(마 1:18)라고 증언하는 것을 들으십시오. 우리는 독생자의 신성을 성령의 작품으로 생각해야 합니까? 다음의 성서 구절들은 무엇을 뜻합니까? "예수의 어머니가 거기에 계셨다"(요 2:1) "예수의 어머니 마리아와 함께"(행 1:14) "그녀에게서 나신 분은 성령으로 나셨다"(마 1:20) "아기와 그의 어머니를 데리고 이집트로 도망하라"(마 2:13) "그의 아들로 말하면 육신으로는 다윗의 자손으로 나셨다"(롬 1:3) 그의 수난에 대하여 "하나님은 죄를 속하여 주시려고 자기의 아들을 죄된 육신을 지닌 모습으로 보내시고 육신 안에서 죄를 정죄하셨다"(롬 8:3) "그리스도께서 우리의 죄를 위해 죽으셨다"(고전 15:3) "그리스도께서 육신 가운데서 고난당하셨다"(벧전 4:1) "이는" 나의 신성이 아니고 "너희를 위해 찢긴 나의 몸이다"(고전 11:24). 그 밖의 수 없이 많은 구절들이 아들의 신성을 어떤 새로운 것이나 육신의 정욕을 느낄 수 있는 것으로 생각하지 말라고 인간들에게 경고하고 있습니다. 정욕을 느낄 수 있는 것은 신성과 연합한 육체입니다.

그리스도께서 자신을 주님과 다윗의 아들로 부른 이유가 바로 거기에 있습니다. 그는 "너희는 그리스도를 어떻게 생각하고 있느냐? 그는 누구의 아들이냐?"고 물으셨을 때 그들은 "다윗의 아들"이라고 대답하였습니다. 이때 예수는 그들에게 물으셨습니다. "그러면 다윗이 성령의 감동을 받아 그리스도를 주라고 부르면서 말하기를 '주께서 내 주께 말씀하셨다. 너는 내 오른쪽에 앉아 있어라' 하였으니 이것이 어찌 된 일이냐"(마 22:42-44). 그는 육신으로는 다윗의 아들이지만 신성으로는 주님이셨습니다. 따라서 몸은 아들의 성전입니다. 즉 완전한 신적인 결합에 의해 아들에게 연합한 성전입니다. 그래서 신성은 몸에 속하는 것들과 교제를 이루고 몸은 복음서에 기록된 이적들에 합당한 숭고한 것으로 인정된 것입니다.

나의 형제여 그와 연합한 육체의 특징들(그의 출생과 고난과 죽음)을 교제를 이유로 하여 그에게 귀속시키는 것은 그리스 사람들의 경우에서처럼 진짜 잘못된 마음의 소산이든지 아니면 정신나간 아리우스와 아폴리나리스의 이단에 감염된 마음의 소산입니다. 이런 식으로 교제의 개념에 미혹된 사람들은 결국 신적인 로고스가 젖을 먹는 과정과 성장의 과정에 참여하고 고난받을 때 두려움을 없애기 위해 천사의 도움을 필요로 한다고 주장하게 되는 것입니다. 우리를 위해 존재하는 육체에 마땅히 속하는 할례와 희생 제사와 눈물과 배고픔에 대해서는 아무 말도 하지 않겠습니다. 이것들을 신성에 귀속시키는 것은 잘못 이해하는 것이고 이런 잘못을 저지르는 사람들은 정당한 심판을 받을 것입니다.

이것이 바로 거룩한 교부들의 가르침입니다. 이것이 성서의 교훈입니다. 이것이 인류를 위한 하나님의 사랑에 속하는 것들과 그의 위엄에 속하는 것들에 대해 신학적으로 설명하는 방법입니다. 그래서 바울은 모든 사람들에게 이렇게 말하고 있습니다. "이 일들을 실천하고 그것에 전심전력을 다하시오. 그리하여 그대가 발전하는 모습이 모든 사람에게 드러나게 하시오"(딤전 4:15).

당신은 비판받고 있는 만큼 넘어진 자들을 생각하는 것이 옳습니다. 그리고 거룩한 것들에 관심이 있는 만큼 이곳의 사람들도 생각해야 합니다. 당신은 당신의 신념을 따르는 목회자들에게 미혹되고 있는 것을 아셔야 합니다. 그들은 마니교인들 식으로 생각하기 때문에 거룩한 공의회에서 면직(免職)된 사람들입니다. 교회의 사업은 모든 면에서 성장하고 있고 평신도들은 하나님의 은혜 가운데서 같은 속도로 자라고 있습니다. 그래서 사람들은 수많은 무리를 보고 선지자의 말을 외칩니다. "물이 바다를 채우듯 주님을 아는 지식이 땅에 가득하게 될 것이다"(사 11:9). 교훈이 설파되고 있기 때문에 황제들이 하는 일에도 기쁨이 넘쳐납니다. 이제 편지를 마무리합니다. 나는 하나님에게 가증스런 모든 이단들과 교회의 올바른 가르침에 관련하여 "사울의 집은 점점 약해지고 다윗의 집은 점점 강해졌다"(삼하 3:1)는 말씀이 우리 가운데서 실현되었음을 사람들이 발견하기를 바랍니다.

이것은 형제가 형제에게 전하는 조언의 편지입니다. 그러나 바울은 논쟁적인 사람들에게 이렇게 외쳤습니다. "그러나 논쟁을 벌이려는 사람이 있을지는 모르나 그런 풍습은 우리에게도 없고 하나님의 교회에도 없다"(고전 11:16). 나는 나와 같이 있는 모든 사람들과 함께 당신의 모든 형제들에게 진심으로 문안합니다. 가장 존경받고 하나님의 사랑을 가장 많이 받는 자여 건강하시고 우리를 위해 기도해 주십시오.

안디옥의 요한에게 보내는 시릴의 편지

나의 사랑하는 형제요 동료 목사인 요한에게
시릴이 주님 안에서 문안드립니다.

"분열시키는 중간의 담"(엡 2:14)이 무너졌고 종말이 슬픔에 처했으며 모든 불화의 근원이 제거되었으니 "하늘이여 기뻐하고 땅이여 즐거워하라"(시 96:11). 우리 모든 사람들의 구세주이신 그리스도께서 온 교회에 평화를 주셨습니다. 그리고 하나님의 사랑을 받는 경건한 황제들이 우리들을 불러 모아 이 평화를 이루게 하셨습니다. 그들은 조상의 경건함을 따르는 가장 고귀한 자들이고 올바른 신앙을 자기들 속에서 확고히 붙들고 있는 자들입니다. 또한 그들은 거룩한 교회에 특별한 관심이 있기 때문에 영원토록 칭송을 받으며 가장 영광스럽게 통치할 것입니다. 하늘 권세들의 주님이 되시는 분이 자비의 손길로 그들에게 좋은 것들을 허락하시고 그들로 하여금 원수들을 정복하게 하시고 그들에게 승리의 은총을 주십니다. 그래서 이 말씀은 거짓말이 아닙니다. "주님이 말씀하시기를 나는 나에게 영광 돌리는 사람들을 영화롭게 할 것이다"(삼상 2:30).

따라서 하나님의 사랑을 받는 나의 형제이자 동료 목사인 바울이 알렉산드리아에 도착했을 때 우리는 매우 기뻤습니다. 그도 그럴 것이 그렇게 훌륭한 사람이 중재자로 나섰고 마귀의 시기심을 극복하며 분리된 것들을 다시 연합시키기 위해 그리고 우리 사이에 놓인 걸림돌을 제거함으로써 당신의 교회들과 나의 교회들 위에 평화의 면류관을 씌어주기 위해 그가 과중한 부담을 자처했기 때문입니다. 분열이 일어나게 된 이유에 대해서는 이야기할 필요가 없습니다. 나는 평화로운 시기에 걸맞는 것들을 생각하고 말하는 것이 더 유익하다고 생각합니다.

그래서 우리는 하나님께서 사랑하시는 그 분과 즐거운 대화를 나누었습니다. 마귀의 공격을 무디게 하는 것은 물론이고 평화를 위해서 그리고 이단들의 비웃음을 막기 위해서는 교회가 합심할 필요가 있습니다. 그는 아마도 우리에게 이 점을 주지시키는데 대단히 고생할 것으로 기대했는지 모릅니다. 그러나 이곳 사람들은 평화를 향해 마음이 열려 있었기 때문에 그는 아무 어려움이 없었습니다. 우리는 "나는 너희에게 평화를 준다. 너희에게 평화를 남겨준다"(요 14:27)고 하신 주님의 말씀을 기억하고 있었고 "주 우리 하나님 당신은 우리에게 모든 것을 주셨습니다. 우리에게 평화를 주옵소서"라는 기도를 배웠습니다. 왜냐하면 하나님이 주신 풍성한 평화에 참여하는 사람은 다른 어떤 좋은 것을 필요로 하지 않기 때문입니다. 우리는 교회의 분열이 불필요한 것이고 분열이 있어야 할 원인이 실제로는 없다고 확신하였습니다. 왜냐하면 하나님의 사랑하시는 바울 감독님이 신실한 신앙고백이 담긴 문서를 우리에게 보여주면서 그것이 당신과 그곳의 경건한 감독들이 손수 작성한 것이라고 확증하였기 때문이었습니다. 그 문서에 담긴 내용을 이 편지에 글자 그대로 적습니다.

"니케아에서 거룩한 교부들이 제정한 신앙 고백에 아무런 첨가함 없이 우리는 동정녀 하나님의 어머니에 대해서 어떻게 생각하고 말해야 하는지 그리고 어떤 방식으로 하나님의 독생자가 인간이 되셨는지에 대해 간결하게 설명하겠다. 우리는 이 문제를 부록의 차원에서 다루지 않고 성서와 거룩한 교부들의 전통으로부터 우리가 물려받은 대로 명확한 해설을 할 것이다. 우리가 방금 말한 대로 참 종교에 대한 지식을 위해서나 이단의 모든 생각들을 척결하기 위해서는 그것으로 충분하다. 그리고 우리는 불가능한 것들을 억지로 설명하는 것이 아니라 우리의 연약함을 고백함으로써 우리가 인간의 이해력을 넘는 것들을 감히 논한다고 공격하는 사람들의 입을 막을 것이다."

"따라서 우리는 우리 주 예수 그리스도 하나님의 독생자는 완전한 하나님이시고 이성적 혼과 몸을 지닌 완전한 인간이라고 고백한다. 그는 신성으로는 만세 전에 아버지로부터 나셨고 인성으로는 세상의 끝날에 우리를 위해서 우리의 구원을 위해서 동정녀 마리아에게서 나셨다. 그는 두 본성의 연합으로 말미암아 신성으로는 아버지와 동일본질이시고 인성으로는 우리와 동일본질이시다. 그 결과 우리는 한 그리스도 한 아들 한 주님을 고백한다. 이 혼동없는 연합의 개념에 따라 우리는 거룩한 동정녀가 하나님의 어머니임을 고백한다. 왜냐하면 신적인 로고스가 성육신하셔서 인간이 되셨고 잉태되는 순간에 그녀에게서 취하신 성전을 자기에게 연합시키셨기 때문이다."

"그리고 복음서와 사도들의 글중 주님에 관한 것들에서 신학자들은 한 인격에 대해 말하듯이 그것들을 공통적인 것으로 해석하기도 하고 두 본성들에 대해 말하듯 그것들을 구분하기도 한다. 또 어떤 것들은 그리스도의 신성에 따라서 하나님에게 적합한 것들이고 또 다른 것들은 그의 인성에 따라 비천한 것으로 해석되기도 한다."

우리는 이 거룩한 글을 읽고 당신도 우리와 같은 생각을 하고 있는 것을 발견하고서—"주님도 하나요 믿음도 하나요 세례도 하나이기"(엡 4:5) 때문에—하나님 만인의 구세주께 영광을 돌렸습니다. 그리고 당신의 교회들과 우리의 교회들이 성령으로 기록된 성서와 거룩한 교부들의 전통에 일치하여 한 믿음을 가지고 있는 것을 발견하고서 기뻤습니다.

그러나 지나치게 비판적인 사람들이 야생 말벌들 같이 윙윙거리면서 내가 그리스도의 거룩한 몸을 거룩한 동정녀에게서 나온 것이 아니라 하늘에서 내려왔다고 주장한다고 하면서 나를 향해 악독한 비방을 내뿜고 있다고 합니다. 그래서 나는 이에 관하여 그들에게 몇 마디 충고할 필요가 있다고 생각했습니다.

정신없는 자들아! 거짓으로 고발하는 것밖에 모르는 사람들아! 어떻게 너희는 그런 정신 상태로 양육을 받았으며 어떻게 그런 어리석음에 감염되었는가? 너희는 믿음에 관한 거의 모든 갈등들이 "거룩한 동정녀는 하나님의 어머니이시다"라는 우리의 확신 때문에 발생했다는 것을 분명히 알아야 한다. 그러나 우리가 만일 만인의 구세주 그리스도의 몸이 하늘에서 내려왔고 그녀에게서 나온 것이 아니라고 주장한다면 어떻게 그녀가 계속 하나님의 어머니라고 불릴 수 있겠는가? 그녀가 육체를 가진 임마누엘을 낳지 않았다면 그녀가 낳은 것은 누구란 말인가? 나에게 이런 말도 안되는 소리를 하는 사람들은 조롱거리가 되어야 한다. 선지자 이사야가 "보라. 처녀가 잉태하여 아들을 낳을 것이다. 그들은 그의 이름을 '하나님이 우리와 함께 계신다'는 뜻을 지닌 임마누엘이라고 부를 것이다"(마 1:23; 사 7:14)라고 말할 때 그는 거짓말을 한 것이 아니다. 또 거룩한 가브리엘이 복받은 동정녀에게 "마리아야 두려워하지 말아라. 너는 하나님에게 은총을 입었다. 보라. 네가 잉태하여 아들을 낳을 것이니 그의 이름을 예수라고 하여라"(눅 1:30-31)고 말할 때 그리고 "그가 자기 백성을 그들의 죄에서 구원할 것이다"(마 1:21)라고 말할 때 천사는 분명한 진리를 말한 것이다.

그러나 우리 주 예수 그리스도가 하늘 위에서부터 오셨다고 할 때 우리는 그의 거룩한 몸이 하늘에서 내려왔다고 말하는 것이 아니다. 오히려 우리는 바울이 이렇게 분명히 외친 바를 따르고 있는 것이다. "첫 사람은 흙에서 났으므로 흙이지만 둘째 사람은 하늘에서 났다"(고전 15:47). 우리는 또한 구세주께서 자신을 두고 이렇게 말씀하신 것을 기억한다. "하늘에서 온 인자 이외에는 하늘에 올라간 사람이 없다"(요 3:13)—내가 이미 말한 대로 그의 육체에 관한 한 그는 거룩한 동정녀에게서 나셨다. 그러나 하늘 위에서 오신 신적인 로고스는 "자신을 비워 종의 모습을 지니셨고"(빌 2:7) 원래의 자기를 유지하시면서(즉 계속 하나님으로 존재하시면서 그는 본성상 변화가 없으시기 때문이다), "사람의 아들"로 불리셨다. 그렇기 때문에 그는 지금 자기의 육체와 하나가 되셨을 때 하늘로부터 내려왔다고 불리는 것이고 "하늘에서 온 사람"으로 불리는 것이다. 그는 완전한 신성과 완전한 인성을 지니시고 한 인격 안에 존재하시는 분이시다. 우리는 신비롭게 연합한 두 본성의 차이를 무시하지 않으면서 한 분 주 예수 그리스도를 고백한다.

당신은 하나님이 그의 육체와 "섞였다"거나 "혼동되었다"거나 "혼합되었다"고 말하는 사람들의 입을 막으십시오. 내가 그렇게 생각하고 그렇게 말한다고 사람들이 계속 입방아를 찧는 것 같습니다. 그러나 나는 절대 그런 생각을 하고 있지 않고 도리어 "회전하는 그림자"(약 1:17)를 신성에 갖다 붙이려는 사람들을 미쳤다고 생각합니다. 왜냐하면 신성은 항상 자기를 지속하고 절대 변함이 없기 때문입니다. 사실 신성은 변화하거나 변화를 수용할 수도 없습니다. 더욱이 우리 모두는 신적인 로고스가 비정욕적(역자 주―"비변화적"으로도 해석이 가능하다)이라고 고백합니다(비록 그가 구원의 신비를 수행한다는 이유 때문에 그의 육체에 일어나는 정욕들(역자 주: 혹은 "변화들")이 그에게 속하는 것으로 보이기도 하지만 말입니다). 아주 지혜로운 베드로는 "그리스도가 육체 가운데서 우리를 위하여 고난을 받으셨다"(벧전 4:1)고 말합니다(물론 표현 불가능한 신성에서 그렇게 하신 것은 아닙니다). 그리스도는 사람들이 자신을 온 세상의 구세주로 믿게 하시기 위해 자기 육체의 정욕들을 자기에게 속하는 것으로 칭하셨습니다. 그래야 우리가 구원받을 수 있기 때문입니다. 그리스도를 두고 말씀하는 이사야 선지자가 벌써 이것을 선포하였습니다. "나는 나의 등을 채찍에 맡겼고 뺨을 치려 하는 자에게 나의 뺨을 맡겼다. 그리고 침 뱉음을 당하는 수치를 피하기 위해 얼굴을 돌리지도 않았다"(사 50:6).

　우리가 모든 면에서 거룩한 교부들의 견해를 특히 모두가 찬양하는 우리의 복된 아버지인 아타나시우스(Athanasius)의 견해를 따르고 있는 것을 아무도 의심해서는 안되고 당신도 그렇게 확신하셔야 합니다. 우리는 어떤 점에 있어서나 그들의 견해를 벗어나는 것을 절대 허용하지 않습니다. 그들의 말을 여기에 제시하며 내 말에 권위를 부여하고 싶지만 글이 너무 길어질까 걱정이 되고 무엇보다도 당신을 지루하게 만들고 싶지 않습니다.

　우리는 누구라도 우리의 거룩한 교부들이 니케아에 모여서 결정한 신앙의 표준을 위태롭게 하는 것을 허용할 수 없습니다. 우리는 우리들 자신들이나 다른 사람들이 그때 확정된 말에 단어 하나나 음절 하나라도 바꾸는 것을 허용할 수 없습니다. 왜냐하면 우리는 "너의 아버지들이 세운 영원한 경계표를 옮기지 말라"(잠 22:28)는 말씀을 기억하고 있기 때문입니다. 그 말씀을 하고 있는 분은 교부들이 아니라 성부 하나님으로부터 나오시는 하나님의 영 즉 성자와 같은 본질을 가지신 성령이십니다. 더욱이 거룩한 신비가들의 말이 우리를 지지합니다. 그래서 사도행전에 이렇게 기록되어 있습니다: "무시아 가까이 이르러서 비두니아로 들어가려고 하였으나 예수의 영이 그것을 허락하지 않으셨다"(행 16:7). 또 바울은 이렇게 쓰고 있습니다. "육신에 매인 사람은 하나님을 기쁘시게 할 수 없다. 그러나 하나님의 영이 여러분 안에 살아 계시면 여러분은 육신 안에 있지 않고 성령 안에 있다. 누구든지 그리스도의 영이 없으면 그리스도의 사람이 아니다"(롬 8:8-9).

　어떤 사람들이 습관적으로 올바른 가르침을 더럽히며 나의 말을 자기들이 좋아하는 대로 곡해하더라도 당신은 놀라지 마십시오. 심지어 이단들도 성령으로 쓰여진 성서로부터 자기들의 오류를 뒷받침할 증거들을 수집하고 성령을 통해 올바르게 말해진 것을 자기들의 악한 해석으로 더럽히기 때문입니다.

그러나 우리는 만인에게 칭송을 받는 아버지인 아타나시우스로부터 에픽테투스(Epictetus)에게로 발송된 편지가 어떤 사람들에 의해 변조되었고 그로 인해 많은 사람들이 해를 입은 사실을 알고 있습니다. 그래서 우리는 형제들에게 필요한 도움을 주고자 당신에게 그 고문서의 사본을 보냈습니다. 그것은 이곳에서 나온 것이기 때문에 틀림이 없습니다.

존경받는 형제여 우리를 위해 기도하는 당신을 주님께서 건강하게 지켜주시기를 바랍니다.

콘스탄티노플의 플라비안에게 보내는 교황 레오 1세의 편지

(1) 나는 당신의 편지가 늦게 도착한 것을 약간 의아하게 생각하면서 편지를 읽었습니다. 감독들의 의결 기록을 검토한 후 이제 나는 신앙의 순수성에 대해 여러분들 사이에 발생한 싸움의 성격을 파악할 수 있게 되었고 분명하지 못한 것들을 밝히 알게 되었습니다.

당신의 편지는 이름으로 봐서는 존경을 받을 만한 인물인 유티케스(Eutyches)가 사실은 극도로 어리석고 완전히 무식한 사람인 것으로 묘사하고 있습니다. 선지자가 말한 것이 그의 경우에 그대로 적용됩니다. "그는 가장 잘 행동하기 위해 배우려 하지 않았다. 그는 자기 침대에서 악을 계획하였다"(시 35:4 70인역). 자기보다 더 지혜롭고 유식한 사람들에 대해서 불경스런 말을 지껄이고 그들을 존경하기를 거절하는 것보다 더 사악한 것이 무엇이겠습니까?

그러나 어리석은 사람들은 그런 잘못에 빠지게 됩니다. 그들은 해석하기 힘든 애매모호한 구절들을 접할 때 선지자들의 목소리와 사도들의 편지와 복음서의 권위에 호소하지 않고 자기들 자신에게로 눈길을 돌립니다. 그 결과 그들은 진리의 학생이 아니었기 때문에 악의 선생들이 됩니다. 왜냐하면 신조의 첫째 구절도 이해하지 못하는 사람이 신약과 구약 성서로부터 무엇을 배울 수 있었겠습니까? 거듭남을 준비하는 전 세계의 모든 후보자들이(역자 주—세례 후보자들) 입으로 고백하는 바를 이 노인은 아직도 이해하지 못하고 있습니다.

(2) 따라서 설령 그가 하나님의 말씀의 성육신에 대해 어떻게 생각해야 할지 알지 못한다 해도 또 그가 이해의 서광을 얻기 위해 성서 전체를 연구할 생각이 없다 하더라도 그는 어쨌든 모든 신자들이 공통적으로 고백하는 것 즉 "전능하신 하나님 아버지"와 "그의 독생자 예수 그리스도 성령과 동정녀 마리아에게서 나신 우리 주님"에 대한 믿음의 고백에 관심을 기울였을 법도 합니다.

우리는 이 세 가지 단언으로 이단들의 거의 모든 계책들을 물리칩니다. 왜냐하면 하나님이 전능하신 분인 동시에 아버지라는 것을 믿으면 모든 면에서 아버지와 전혀 다르지 않은 아들이 그와 함께 영원하시다는 것도 밝혀지기 때문입니다. 결국 그는 "하나님으로부터의 하나님"이시고 전능자로부터의 전능자이십니다. 그는 영원자로부터 영원자로 출생하셨는데 시간적으로 뒤지거나 능력에서 열등하거나 광채나 본질에서 전혀 다르지 않으십니다. 영원하신 아버지(Begetter)의 영원하신 독생자이신 바로 이 분이 "성령과 동정녀 마리아에게서" 나신 분이었습니다.

시간 안으로의 탄생은 영원한 신적인 출생의 가치를 전혀 손상시키지 않았고 그것에 아무것도 더하지 않았습니다. 그의 탄생의 모든 의미는 길을 잃은 인류의 회복에 있었습니다. 그가 탄생한 것은 죽음을 정복하고 한때 죽음의 권세를 행사했던 마귀를 그의 능력으로 박멸하기 위해서였습니다. 왜냐하면 죄로 인해 전혀 더럽혀지지 않고 죽음이 공격할 수 없는 그분이 우리의 본성을 취하시고 그것을 자기 것으로 삼으시지 않았다면 우리는 죄와 죽음의 장본인을 이길 수 없었을 것이기 때문입니다. 그래서 그는 그의 동정녀 어머니에게서 성령으로 잉태되셨습니다. 그녀는 그를 잉태하고 있을 때나 그를 출산할 때도 여전히 처녀였습니다.

그러나 유티케스가 이 신앙의 가장 순수한 근원으로부터 건전한 지식을 얻을 수 없었다고 하더라도—그의 독특한 어두운 눈이 진리의 광채를 어둡게 했기 때문에—그는 여전히 복음서들의 가르침을 따랐을 수도 있었습니다. "다윗과 아브라함의 아들 예수 그리스도의 족보책이다"(마 1:1)라는 마태복음의 말씀을 접했을 때 그는 사도 바울의 증언에서 그 다음 단계의 가르침을 구했을 수도 있었습니다. 그리고 그가 로마서에서 "예수 그리스도의 종인 나 바울은 사도로 부르심을 받아 하나님의 복음을 전하라고 따로 세우심을 받았다. 이 복음은 하나님께서 예언자들을 시켜서 성경에 미리 약속하신 것으로 당신의 아들을 두고 하신 말씀이다. 이 아들로 말하면 육신으로는 다윗의 자손으로 나셨다"(롬 1:1-3)는 말씀을 읽었을 때 그는 선지자들의 글에 관심을 돌렸을 수도 있었습니다. 그리고 그가 하나님께서 아브라함에게 약속하신 말씀 즉 "너의 씨 안에서 모든 민족들이 복을 받게 될 것이다"(창 12:3)라는 말씀을 우연히 마주쳤을 때 그는 그 "씨"라는 단어의 의미에 대한 의구심을 떨쳐 버리기 위해 사도 바울의 말씀에 주목했을 수도 있었습니다. "그 약속은 아브라함과 그의 '씨'에게 주어진 것이다. 그는 하나 이상을 지칭하시면서 '씨들'이라고 말하지 않고 단일한 '씨'를 지칭하시면서 '너의 씨에게'라고 말씀하셨다. 그 씨는 그리스도를 의미한다."(갈 3:16) 그는 또 "보라. 처녀가 잉태하여 아들을 낳을 것이다. 그들은 그의 이름을 '하나님이 우리와 함께 계신다'는 의미의 임마누엘로 부를 것이다"(마 1:23; 사 7:14)라고 말하는 이사야 선지자의 말을 내적인 이해력을 가지고 경청했을 수도 있었습니다. 그리고 그는 같은 선지자가 이렇게 말씀한 것을 주목했을 수도 있었습니다. "한 아기가 우리에게서 태어났다. 우리가 한 아들을 얻었다. 권세가 그의 어깨 위에 있고 사람들은 그를 '위대한 조언의 천사' '놀라운 권고자' '전능의 하나님' '평화의 왕' '다가오는 세계의 아버지'라 부를 것이다"(사 9:6).

유티케스는 동정녀에게서 태어나신 그리스도가 인간의 모습을 지니셨으나 실제로는 그의 어머니의 몸을 가지신 것은 아니었다고 주장합니다. 그러나 그는 "말씀이 육신이 되셨다"는 구절을 그런 식으로 해석하는 기만적인 방법을 피할 수 있었을 것입니다. 우리 주 예수 그리스도가 우리의 본성을 가지고 있지 않다고 생각한 이유가 복되고 영원한 동정녀 마리아에게 보냄을 받은 천사가 전한 이 말 때문일 수가 있습니까? "성령이 네게 임하시고 가장 높으신 분의 능력이 너를 덮을 것이다. 그러므로 네게서 날 자는 거룩한 분이요 하나님의 아들이라 불릴 것이다"(눅 1:35). 처녀의 임신이 하나님이 행하신 일이 아니고 잉태된 아기의 육체가 잉태한 여인의 본성에서 취하여진 것이 아니란 말입니까?

우리는 그 특별히 놀라운 출생을 이해할 때 그 아이의 독특성 때문에 인간의 특성들을 파괴시키는 일이 없어야 합니다. 동정녀를 잉태케 한 것은 성령이지만 그의 몸의 근본적 실체는 그녀의 몸에서 나온 것입니다. 그래서 "지혜가 제 집을 짓고 있을 때"(잠 9:1) "말씀은 육신이 되어 우리 가운데 거하셨습니다"(요 1:14).

(3) 두 본성들과 본질들이 고스란히 한 인격 안에 보존되어 있습니다. 위대함이 비천함을 능력이 약함을 영원이 필멸을 취하셨고 해를 당할 수 없는 본성이 고난당하는 본성과 연합하셨습니다. 이는 우리의 빚을 청산하기 위함이었습니다. 이렇게 하나님과 인간들 사이의 중계자이신 예수 그리스도는 우리의 구원에 필요한 대로 한 본성으로는 죽으실 수 있고 다른 한 본성으로는 죽으실 수 없습니

다. 참 하나님이 한 인간의 완전한 본성 안으로 태어나신 이유가 바로 거기에 있습니다. 그는 하나님에게 속하는 것에서도 완전하시고 우리에게 속하는 것에서도 완전하신 분입니다.

"우리에게 속하는 것"이란 창조자가 처음부터 우리 안에 만들어 놓으신 것을 의미하는데 그는 그것을 회복시키시기 위해 그것을 스스로 취하셨습니다. 그러나 미혹된 인간이 미혹하는 자에게서 받아들인 것들은 구세주 안에 흔적조차 없습니다. 그가 인간의 나약함을 공유한다는 사실이 그가 우리의 사악한 행동까지 공유한다는 것을 의미하지는 않습니다. 그는 종의 모습을 취하셨으나 아무 죄가 없으신 분입니다. 그가 하신 일은 인간을 높이신 것이지 신성을 감소시키신 것이 아닙니다. 그분의 자기 비움의 행위는 즉 보이지 않는 분이 보이는 분으로 나타나시고 만물의 창조자이신 주님이 인간들과 같은 취급을 당하시기로 결정하신 것은 자비로써 가까이 다가오심이었지 능력의 감퇴가 아니었습니다.

결과적으로 종의 모습으로 인간이 되신 분은 하나님의 모습으로 남아 계시면서 인간을 만드신 분이었습니다. 각 본성은 각자의 특성들을 아무 결손없이 보존하였고 "하나님의 모습"이 "종의 모습"을 제거해버리지 않은 것과 같이 "종의 모습"도 "하나님의 모습"을 감소시키지 않았습니다.

마귀는 자기의 거짓말에 속은 인간이 하나님의 선물을 잃어버리고 불멸의 축복을 빼앗기고 준엄한 죽음의 심판을 겪었다고 자랑합니다. 또 그는 여러 가지 어려움 중에서도 죄의 동료들을 얻은 사실에서 약간의 위안을 받았다고 자랑합니다. 더욱이 그는 하나님이 정의에 굴복하여 그렇게도 훌륭하게 지으신 인간에 대한 생각을 바꾸셨다는 것을 자랑으로 여깁니다. 그러나 변함이 없으신 하나님은 이 모든 것에 직면하여(하나님의 의지는 자기에게 적합한 자선을 피할 수 없다) 더욱 비밀스런 은총을 통해 인류를 향한 자기의 자비로운 원의도(原意圖)를 완성시키시고 마귀의 계략에 의해 죄악으로 끌려들어간 인류를 멸망하지 않도록 하시기 위해 자기의 비밀스런 계획 안에서 이 문제를 해결할 방법을 찾으셔야 했습니다.

(4) 그래서 하나님의 아들이 이 낮은 세상으로 오셨습니다. 그는 하늘의 보좌로부터 내려오셔서 새로운 종류의 출생을 통해 새로운 존재 질서 속으로 태어나셨습니다. 그러나 그가 아버지의 영광에서 떠난 것은 아닙니다.

자기의 존재 방식으로는 보이지 않는 분이 우리의 존재 방식으로 보이게 되셨고 이해불가능한 분이 이해되기로 작정하셨기 때문에 그의 존재의 방식은 새로운 것입니다. 그는 여전히 시간 밖에 계시지만 시간 안의 한 시점으로부터 존재하기 시작하셨습니다. 우주의 주님은 자신의 무한한 권능을 숨기시고 "종의 모습"을 취하셨습니다. 고난없는 하나님은 고난받는 사람으로서의 존재를 마다하지 않으셨고 불멸의 존재는 죽음의 법에 복종하는 것을 마다하지 않으셨습니다.

욕정을 모르는 정결한 처녀가 그에게 육체의 소재를 제공하였기 때문에 그의 출생은 새로운 종류의 것입니다. 주님이 그의 어머니로부터 취한 것은 본성이지 죄가 아닙니다. 그의 출생이 특별하다는 것은 동정녀에게서 나신 우리 주 예수 그리스도가 우리와 다른 본성을 가지셨다는 것을 의미하지는 않습니다. 그는 참으로 인간이시고 참으로 하나님이십니다. 그리고 비천함과 신적인 숭고함이 상호관계적인 영역들을 가지고 있는 한 이 연합에는 아무 거짓이 없습니다. 하나님은 연민의 감정에 의해 변하시지 않습니다. 마찬가지로 인성도 영광스런 자리로 높아짐으로 인해 파괴되지 않습니다.

각 "모습"은 서로 교제를 이루면서 각자의 고유한 활동을 수행합니다. 말씀은 자기에게 속한 일을 하고 육체도 자기에게 속한 일을 합니다. 말씀은 놀라운 행위들로 빛나고 육체는 상해와 모욕을 당합니다. 말씀이 아버지와 동등하게 누리는 영광에서 물러나지 않는 것처럼 육체도 인간의 본성을 포기하지 않습니다. 거듭해서 말씀드리건대 똑같은 분이 참으로 하나님의 아들이신 동시에 참으로 인간의 아들이시기 때문입니다. 그는 "태초에 말씀이 계셨다. 그 말씀은 하나님과 함께 계셨고 그 말씀이 하나님이셨다"(요 1:1)는 말씀에 의거하여 하나님이 되십니다. 그는 "말씀이 육신이 되시고 우리 가운데 머무셨다"(요 1:14)는 말씀에 의거하여 인간이 되십니다. 그는 "모든 것들이 그로 말미암아 생겨났으며 그가 없이는 생겨난 것이 아무것도 없다"(요 1:3)는 말씀에 의거하여 하나님이 되십니다. 그는 "그는 한 여자에게서 나서 율법 아래 놓이셨다"(갈 4:4)는 말씀에 의거하여 인간이 되십니다.

　태어난 것이 육체라는 사실은 그의 인성을 나타내지만 그가 동정녀에게서 났다는 사실은 그의 신적인 능력을 증거합니다. 강보의 비천함에 의해 유아의 위치가 드러났지만 천사의 목소리에 의해 가장 높으신 분의 위대함이 선포되었습니다. 헤롯이 죽이려고 한 분은 미숙한 인간 같았지만 동방박사들이 순수한 즐거움으로 경배한 분은 모든 이들의 주님이셨습니다. 신성이 그의 육체 속에 감추어져 있다는 사실이 이 사건을 통해 드러납니다. 즉 그가 자기의 예비자 요한에게 세례를 받으러 오셨을 때 하나님의 음성이 하늘에서 울려왔습니다: "이는 내 사랑하는 아들이다. 내가 그를 아주 기뻐한다"(마 3:17). 그래서 간사한 마귀가 한 인간으로서 유혹했던 분은 천사들이 하나님으로서 보좌했던 분입니다. 배고프고 목마르고 피곤하고 잠자고 하는 것들은 분명히 인간의 것들입니다. 그러나 오천 명에게 빵을 먹이고 사마리아 여인에게 영원히 목마르지 않는 생명의 물을 먹이고 바다 위를 걷고 폭풍이 올 때 "거센 파도"를 잠재우는 일들은 확실히 신적인 일들입니다.

　그밖의 수많은 증거들은 그만 열거하기로 하고 이제 요약을 합니다. 연민의 정에 복받쳐 친구의 죽음에 대해 우는 것과 나흘 동안이나 무덤 속에 누워있던 친구를 말씀 한 마디로 다시 살리는 것은 동일한 한 본성의 행위가 아닙니다. 십자가에 달리시는 것과 낮을 밤으로 변하게 하시고 별을 떨게 만드시는 것 또는 못 박히시는 것과 믿음을 가진 강도에게 낙원의 문을 열어 주시는 것은 동일한 한 본성의 행위가 아닙니다. 같은 논리로 "나와 아버지는 하나다"(요 10:30)라고 말하시는 것과 "아버지는 나보다 크시다"(요 14:28)고 말씀하시는 것은 동일한 한 본성의 행위가 아닙니다. 우리 주 예수 그리스도 안에 하나님과 인간의 한 인격이 존재하지만 각자가 비천함을 공유하는 원리와 영광을 공유하는 원리는 서로 다릅니다. 아버지보다 열등한 그의 인성은 우리로부터 나왔고 아버지의 신성과 똑같은 그의 신성은 아버지로부터 왔습니다.

(5) 두 가지 본성으로 존재하는 이 인격의 단일성 때문에 우리는 사람의 아들이 하늘에서 내려왔다고 말합니다(이는 하나님의 아들이 동정녀로부터 육신을 취하셨기 때문입니다). 또 같은 논리로 하나님의 아들이 십자가에 달리고 묻히셨다고 말을 합니다―비록 그가 아버지의 영원성과 본질을 함께 소유한 독생자로서 그런 것들을 자기의 신성으로 담당하신 것이 아니라 인성의 나약함으로 당하셨지만 말입니다. 결과적으로 우리 모두는 독생하신 아들이 십자가에 달리시고 묻히셨다고 신조에서 고백을 합니다. 사도는 이렇게 말씀합니다. "그들이 알았더라면 영광의 주님을 십자가에 못박지 않았을 것이다"(고전 2:8). 더욱이 우리의 주님 구세주께서는 제자들에게 믿음을 불어넣으시면서 "사람들이 인자인 나를 보고 무엇이라 하더냐?"고 물으셨습니다. 제자들이 다른 사람들의 여러 견해들을 열거했을 때 그는 계속 물으셨습니다. "그러면 너희는 나를 누구로 생각하느냐?" 사람의 아들이고 "종의 모습"을 하고 있고 육체를 가지고 있는 "나를 누구로 생각하느냐"(마 16:13-18). 이때 성령의 감동을 받고 자기의 고백으로 많은 민족들에게 도움을 줄 복자(福者) 베드로는 "당신은 그리스도이시고 살아 계신 하나님의 아들이십니다"라고 대답했습니다. 그래서 주님께서는 당연히 그를 복되다고 하셨고 베드로는 그 원초적 바위 즉, 그리스도로부터 자기의 굳센

힘과 이름을 얻게 되었습니다. 베드로는 성부의 계시를 통해 그가 하나님의 아들인 동시에 그리스도라는 것을 고백하였습니다. 왜냐하면 그 둘 중에 하나만을 믿게 되면 구원을 받을 수 없기 때문입니다. 주 예수 그리스도를 단순히 하나님으로 믿고 인간으로 믿지 않는 것은 그를 하나님이 아닌 단순한 인간으로만 믿는 것과 똑같이 위험한 것입니다.

주님의 부활을 생각해 보십시오(그것은 실제의 몸의 부활이었습니다. 왜냐하면 십자가에 달리고 죽음에 넘겨진 것 이외의 다른 어떤 것이 다시 살아날 수는 없기 때문입니다). 40일 동안의 준비 기간은 우리의 온전한 믿음에서 모든 의구심을 씻어내기 위해 마련된 것이 아니고 무엇이겠습니까? 그는 제자들과 이야기하셨고 그들과 같이 사셨고 같이 음식을 잡수셨습니다. 그리고 의심으로 가득 찬 사람들의 호기심 어린 손길에 자기 몸을 넘겨주셨습니다. 그는 닫힌 문을 통해 제자들이 있는 곳으로 들어가셨고 자기 입의 숨으로 성령을 부어주셨습니다. 그리고 그는 이해의 빛을 주시고 성서의 비밀들을 열어주셨습니다. 동시에 그는 최근의 모든 고난의 증거들을 보여주셨습니다. 그는 옆구리에 있는 상처와 못 자국들을 내 보이시며 "내 손과 내 발을 보아라. 바로 나다. 나를 만져 보아라. 유령은 살과 뼈가 없지만 너희가 보다시피 나는 살과 뼈가 있다"(눅 24:39)고 말씀하셨습니다.

그는 왜 이 모든 것들을 행하셨습니까? 신성의 특징들과 인성의 특징들이 아무 분리됨 없이 그 안에서 계속 존재하고 있다는 것을 보여주시기 위해서였습니다. 우리로 하여금 로고스와 육체의 차이를 파악하게 하시고 그럼으로써 하나님의 아들-로고스와 육체가 한 실체라는 것을 우리가 고백하게 하시기 위해서였습니다.

우리의 유티케스는 이 믿음의 신비를 전혀 이해하지 못하고 있습니다. 그는 하나님의 독생자에게서 우리의 본성을 인정하려 들지 않습니다. 그에게는 그것이 필멸의 상태에 놓여 있든지 부활의 영광의 상태에 놓여 있든지 상관이 없습니다. 또한 그는 복된 사도이자 복음서 기자인 요한의 심판 앞에서도 떨지 않았습니다. "예수 그리스도께서 육신을 입고 오셨음을 시인하는 영은 다 하나님께로부터 온 영이다. 그러나 예수를 해체하는 영은 다 하나님께로부터 오지 않은 영이고 그것은 적그리스도이다"(요일 4:2-3). 그러나 예수를 "해체한다"는 것은 그에게서 인성을 분리시키는 것이 아니고 무엇이겠습니까? 그렇게 하는 것은 우리가 구원받게 되는 유일한 방법인 그 신비를 파렴치하게도 헛되고 무익한 것으로 만드는 것입니다. 그가 그리스도의 몸이 가지는 본성을 무시한다면 당연히 같은 무지함으로 인해 그는 그리스도의 고난도 무시하게 됩니다. 만일 그가 주님의 십자가를 가짜로 생각하지 않는다면(그는 그리스도의 죽음을 인정하고 있습니다) 즉, 그가 그리스도가 세상을 구원하기 위해 당하신 형벌을 사실로서 의심 없이 받아들인다면 그는 당연히 그리스도의 육체도 인정해야 합니다. 그리고 고난을 당하실 수 있는 분이 우리의 몸을 가지신 인간이라는 사실을 부인하지 말아야 합니다. 왜냐하면 만일 그가 실제의 육체를 부인한다면 당연히 육체의 고난도 거부해야 되는 것이기 때문입니다. 그런데 만일 그가 기독교의 신앙을 받아들이고 복음서의 가르침에 귀를 기울인다면 못 박히고 십자가에 달린 것이 무슨 본성이었는지 스스로 물어봐야 합니다. 그는 병사들이 십자가에 달리신 분의 옆구리를 찔렀을 때 왜 "물과 피가" 나왔는지 생각해 보아야 합니다. 물과 피가 나온 이유는 죄의 씻음과 성찬의 잔으로 교회를 적시기 위해서였습니다. 게다가 그는 복된 사도 베드로가 "그리스도의 피뿌림"을 통해 "성령의 거룩케 하심"(벧전 1:2)을 받는다고 선포한 것을 들어야 합니다. 그리고 그는 같은 사도가 이렇게 말씀한 것을 주의 깊게 읽어야 합니다. "이제 여러분은 조상으로부터 물려받은 여러분의 헛된 생활방식에서 해방되었다. 그것은 여러분도 알지만 은이나 금과 같은 썩어질 것으로 되지 않고 흠이 없고 티가 없는 어린양이신 그리스도의 귀한 피로 되었다."(벧전 1:18-19) 그는 복된 사도 요한의 증거를 대항해서는 안됩니다. "하나님의 아들 예수의 피가 당신들을 모든 죄에서 깨끗하게 해 주시기를 기도한다"(요일 1:7) "세상을 이긴 승리는 이것이니 곧 우리의 믿음이다"(요일 5:5) "세상을 이기는 사람은 누구인가? 예수께서 하나님의 아들이심을 믿는 사람이 아닌가? 이분은 오셔서 물과 피를 거치신 분인데 곧 예수 그리스도이시다. 그는 물만이 아니라 물과 피를 거쳐서 오셨다. 성령은 진리이기 때문에 성령은 증언하시는 분이다. 승언하는 이가 셋인데 곧 성령과 물과 피다. 이 셋은 하나다"(요일 5:6-8). 이것은 성별의 영과 구속의 피와 세례의 물을 의미하는데 그 셋은 하나이고 서로 분리되지 않으며 혼자서는 절대 존재할 수 없습니다. 공교회는 그리스도 예수 안에서 신성과 분리된 인성은 있을 수 없으며 인성과 분리된 신성도 있을 수 없음을 믿고 있습니다.

(6) 유티케스가 당신의 질문에 대해 "나는 우리 주님께서 연합 이전에는 두 본성을 가지셨지만 연합 이후에는 한 본성을 가지셨음 고백한다"고 대답했을 때 나는 이 말도 안되는 뒤틀어진 고백이 심판자들로부터 어떤 질책도 받지 않고 그냥 지나간 데 대해 경악을 금치 못하고 있습니다. 그렇게 어리석은 신성모독이 마치 아무도 성나게 하지 않은 것처럼 아무 비판도 받지 않은 채 그냥 지나갔다는 것이 믿어지지 않습니다. 성육신 이전에 하나님의 아들이 두 본성을 가지셨다고 말하는 것이나 "로고스가 육신이 되신" 후에 한 본성만을 가지셨다고 말하는 것이나 똑같이 불경스런 것입니다. 당신이 유티케스의 그 진술을 반박하기 위해 어떤 말도 하지 않았기 때문에 그는 자기가 용납할 만한 옳은 진술을 했다고 잘못 생각할 수도 있습니다. 그것에 대비하여 사랑하는 형제여 나는 당신의 충실한 의무감에 충고하는 바입니다. 만일 하나님의 자비로 말미암아 이 문제가 좋은 결과로 끝이 난다면 미숙한 사람의 경솔함에서 이 지적(知的)인 바이러스를 제거하기 바랍니다. 의사록에 나타난 바

에 의하면 그는 실제로 자기의 생각에서 떠나기 시작했습니다. 당신의 판단력에 압도되어 그는 자기가 이전에 말하지 않았던 것을 고백했고 이전에 버리고 떠났던 것들을 이제는 믿는다고 고백했습니다. 그러나 그는 그 불경스런 가르침을 정죄할 것을 거절했기 때문에 당신은 그가 여전히 불신앙을 고수하고 있으므로 그가 정죄받아야 마땅하다고 생각했습니다. 만일 그가 진심으로 뉘우치고 늦게나마 감독들의 권위가 정당한 조치였음을 인정한다면 또는 충분한 보상을 하기 위해 자기의 목소리와 서명(署名)으로써 그가 잘못 생각한 모든 것들을 정죄한다면 길을 돌이키는 사람에게 관용을 베푸는 것이 아무 잘못이 아닙니다. "자기 양을 위하여 목숨을 버리시고"(요 10:15) "사람들의 영혼을 구하기 위해 오신"(눅 9:56) 선하신 참 목자 우리 주님은 우리가 그의 성실성을 닮기를 바라십니다. 정의(正義)는 죄를 짓는 사람들을 억압하지만 자비는 돌아오는 자를 물리치지 않습니다. 잘못된 생각이 자기를 추종하는 자에 의해 정죄될 때 우리의 믿음은 마침내 변호될 것입니다. 그러나 나는 나의 아들인 집사 힐러리(Hilary)와 나의 형제들인 감독 줄리우스(Julius)와 장로 레나투스(Renatus)에게 내 대신 일을 경건하게 처리하라고 지시했습니다. 또 나는 나의 대서인인 둘키티우스(Dulcitius)를 그들과 함께 보냈는데 그는 믿을 만한 사람입니다. 나는 하나님이 도우심으로 죄를 지은 이 사람도 자기의 잘못된 생각을 정죄하면 구원받을 수 있다고 확신합니다.

사랑하는 형제여 하나님께서 당신을 무사히 지켜주시기를 바랍니다.

아스투리우스(Asturius) 경과 프로토게네스(Protogenes) 경의 집정(執政) 중 6월 13일에 썼습니다.

칼케돈 회의의 "신앙의 정의"

　이 거룩하고 위대하고 보편적인 공의회는 하나님의 은혜에 의거하여 그리고 그리스도를 사랑하는 우리의 경건한 황제들인 마르시안과 발렌티니안(valentinian)의 명령에 따라 비두니아(Bithynia) 주의 수도 칼케돈(Chalcedon)의 거룩한 승리의 순교자 유페미아(Euphemia) 기념 예배당에 모여서 다음의 판결문을 작성하였다.
　우리의 주님이신 구세주 예수 그리스도는 제자들의 믿음을 확고히 하시면서 "나는 너희에게 평화를 준다. 너희에게 평화를 남겨준다"(요 14:27)고 말씀하셨다. 이는 아무도 참 종교의 가르침에 대해 이웃과 다른 것을 말해서는 안되고 믿음의 선포는 모든 사람들에게 똑같이 제시되어야 하기 때문이었다.
　사악한 자는 끊임없이 자기의 가라지를 참 종교의 씨앗들 사이에 섞어 넣고 언제나 진리에 대항하는 것들을 발견하기 때문에 주님은 인류에 대한 애정 어린 섭리로써 이 가장 경건하고 신실한 황제를 열심 내게 하시고 그에게로 지도자격 목회자들을 사방에서 불러 모으셨다. 이는 우리 모두의 주님이신 그리스도의 은혜로써 그리스도의 양들로부터 모든 거짓의 오염이 제거되고 그들이 진리로 풍성하게 되게 하기 위함이었다.
　그리고 우리는 이것을 수행했다. 우리는 만장일치로 그릇된 가르침들을 축출(逐出)하였고 교부들의 오류 없는 믿음을 갱신(更新)하였다. 우리는 모든 사람들에게 318명의 신조(Symbol)를 공포하였고 이후에 그 참 종교의 서약을 받아들인 교부들 즉 콘스탄티노플에서 모여서 같은 믿음을 확증한 180명의 교부들을 같은 무리에 속하는 사람들로서 보증하였다.
　따라서 우리는(에베소 회의에서 확립된 신앙의 결정들을 고수하면서—이 거룩한 공의회는 로마의 셀레스틴(Celestine)과 복된 기억 속에 남아 있는 알렉산드리아의 시릴의 주도로 개최되었다) 경건한 콘스탄틴 황제의 재임시 니케아에 모인 318명의 거룩한 교부들이 작성한 정확하고도 흠없는 신앙의 해설에 우선적 권위가 있음을 공포한다. 그리고 그 다음으로 콘스탄티노플에서 180명의 거룩한 교부들이 결정한 것들에 권위가 있음을 공포한다. 그들은 당시 크게 자란 이단들을 박멸하고 우리의 보편적인 사도적 신앙을 보강하기 위해 그런 결정을 내렸다.

318명의 니케아 신조

"우리는 한 분 하나님 아버지 만물의 통치자 하늘과 땅과 보이는 것과 보이지 않는 모든 것들을 지으신 자를 믿는다."

"그리고 한 분 주 예수 그리스도 하나님의 독생하신 아들을 믿는다. 그는 만세 전에 아버지로부터 나신분이고 참 하나님으로부터의 참 하나님이시다. 창조된 것(made)이 아니라 나으셨고(begotten) 아버지와 동일한 본질을 가지셨다. 그를 통해 모든 것들이 창조되었고 그는 우리 인간들을 위해 그리고 우리의 구원을 위해 내려 오셔서 성육신 하셨고 인간이 되셨다. 그리고 그는 고난당하시고 사흘만에 다시 일어나셔서 하늘로 올라가셨고 하나님의 오른쪽에 앉아 계시다가 산 자와 죽은 자를 심판하시기 위해 오실 것이다."

"그리고 성령을 믿는다."

"그러나 '그가 존재하지 않았던 적이 있었다'고 말하거나 '나으시기 전에는 그가 존재하지 않았다'고 말하거나 '그는 무로부터 생겨나셨다'고 말하거나 하나님의 아들이 '다른 본체나 본질을 가지셨다'고 말하거나 그는 '변하실 수 있다(mutable alterable)'고 말하는 사람은 사도적 공 교회에 의해 파문당한다.

180명의 콘스탄티노플 신조

"우리는 한 분 하나님 아버지 만물의 통치자 하늘과 땅과 보이는 것과 보이지 않는 모든 것들을 지으신 자를 믿는다."

"그리고 한 분 주 예수 그리스도 하나님의 독생하신 아들을 믿는다. 그는 만세 전에 아버지로부터 나신 분이고 빛으로부터의 빛이시고 참 하나님으로부터의 참 하나님이시다. 창조된 것이 아니라 나으셨고 아버지와 동일한 본질을 가지셨다. 그를 통해 모든 것들이 창조되었고 그는 우리 인간들을 위해 그리고 우리의 구원을 위해 하늘에서 내려 오셔서 성령과 동정녀 마리아에게서 성육신하셨고 인간이 되셨다. 그리고 그는 본디오 빌라도 치하에서 우리를 위해 십자가에 달리셨고 고난 당하셨고 묻히신 후 성경의 말씀대로 사흘만에 다시 일어나셔서 하늘로 올라가셨고 하나님의 오른쪽에 앉아 계시다가 산 자와 죽은 자를 심판하시기 위해 영광 가운데 오실 것이다. 그의 왕국은 끝이 없다."

"그리고 성령을 믿는다. 그는 주님이시고 생명을 주시는 분이다. 그는 아버지로부터 나오시고 아버지와 아들과 함께 경배받으시고 영광받으신다. 그는 선지자들을 통해 말씀하셨다. 그리고 거룩하고 보편적이고 사도적인 하나의 교회를 믿는다. 우리는 죄의 용서를 위한 하나의 세례를 고백한다. 우리는 죽은 자들의 부활과 다가오는 세상의 삶을 기다린다."

신성한 은혜로 작성된 이 지혜로운 구원의 신조는 참 종교의 지식과 그것의 유지를 위해 충분한 것이었다. 왜냐하면 그것은 아버지와 아들과 성령에 대해 완벽한 가르침을 제공하고 있고 그것을 충실하게 받아들이는 사람들에게 주님의 인간 되심을 설명해주기 때문이다. 그러나 진리의 선포를 무시하려는 사람들이 그들의 이단적 가르침들을 통해 허망한 말들을 만들어 내기 때문에(어떤 사람들은 우리를 위한 주님의 섭리의 신비를 더럽히며 동정녀에게 "하나님의 어머니"의 명칭을 부여하는 것을 거절한다. 다른 사람들은 혼동과 혼합의 개념을 도입하여 어리석게도 육체와 신성의 한 본성을 상상하면서 그 혼동을 통해 독생자의 신성이 고난받을 수 있다는 불가능한 암시를 한다). 이 거룩하고 위대한 보편적 공의회는 그들로부터 진리에 대항하는 모든 계책들을 빼앗고 진리의 선포의 변함없음을 가르치기 위해 우선 318명의 교부들의 신조는 손대지 않도록 조치하였다. 더 나아가 성령을 공격하는 사람들 때문에 이 공의회는 그후 180명의 거룩한 교부들이 제국의 수도에 모여 전하여 준 성령의 본질에 대한 가르침을 재확인한다. 그들은 선배들이 빼놓은 것을 첨가한 것이 아니라 성령의 통치를 부인하려는 자들에 대항하기 위하여 그들의 성령에 대한 이해를 성서의 증언을 토대로 명백하게 설명함으로써 이 가르침을 모든 사람들에게 알렸다.

그리고 성모 마리아에게서 난 자가 평범한 인간이라고 하는 파렴치한 주장을 펴면서 섭리의 신비를 더럽히려고 하는 사람들 때문에 이 공의회는 당시 알렉산드리아 교회의 목자(牧者)인 시릴이 네스토리우스와 동방사람들에게 보낸 편지들을 정통으로 받아들였다. 이는 네스토리우스의 어리석은 주장들을 논박하기 위함이었고 종교적인 열정을 가지고 구원의 신조를 이해하려고 노력하는 사람들을 가르치기 위함이었다.

이 공의회는 정통 가르침을 확증하기 위해 이 편지들에 덧붙여 위대한 장자(長子) 로마 교회를 다스리는 가장 복되고 거룩한 대감독 레오가 유티케스의 잘못을 제거하기 위해 거룩한 대감독 플라비안에게 보낸 편지를 포함시켰다. 그 편지는 위대한 베드로의 고백과 일치하고 잘못 생각하는 자들에 대항하는 공통 지주가 되기 때문이었다.

이 공의회는 섭리의 신비를 아들의 이중성으로 분리하고자 하는 사람들을 반대한다. 그리고 독생자의 신성이 고난 받을 수 있다고 감히 주장하는 사람들을 성직자의 반열에서 축출한다. 이 공의회는 그리스도의 두 본성을 혼동이나 혼합으로 생각하는 자들을 반대하고 그가 우리 가운데서 취하신 "종의 모습"이 하늘의 본질 또는 다른 어떤 본질을 가지고 있다고 어리석게 생각하는 자들을 몰아낸다. 그리고 연합 이전에는 주님에게 두 본성이 있지만 연합 이후에는 하나만 있다고 가르치는 사람들을 파문한다.

그러므로 우리는 거룩한 교부들을 따라 이렇게 고백한다. 우리는 우리의 주 예수 그리스도이신 한 분 아들을 고백한다. 우리 모두는 이 아들이 완전한 신성을 가지시고 완전한 인성을 가지고 계시다는 가르침에 동의한다. 그는 참으로 하나님이시고 참으로 인간이시다. 그는 이성적 혼과 몸으로 구성되어 있으시다. 그는 신성으로는 아버지와 동일본질(coessential)이시고 인성으로는 우리와 동일본질이시다. 그는 죄를 제외하고 모든 면에서 우리와 같으시다. 신성으로는 만세 전에 아버지에게서 나셨고 인성으로는 마지막 날에 우리와 우리의 구원을 위하여 하나님의 어머니인 동정녀 마리아에게서 나셨다. 한 분 그리스도 아들 주님 독생자는 혼동됨 없이 변함없이 구분 없이 분리없이 두 본성 안에 존재하신다. 본성간의 차이는 연합으로 인해 파괴되지 않고 각 본성의 특징이 한 인격과 한 본체 안에 그대로 보존되어 있다. 그는 두 인격으로 분리되거나 쪼개어지지 않는 한 분 아들 독생하신 하나님 로고스 주 예수 그리스도이시다. 이것이 옛 적에 선자자들이 우리에게 가르친 바이고, 주 예수 그리스도께서도 몸소 가르치신 바이다. 그리고 우리의 교부들의 신조가 그것을 우리에게 전달해 주었다.

우리는 가능한 한 정확하고 조심스럽게 이 문제들에 대한 결정을 내렸기 때문에 이 거룩하고 보편적인 공의회는 누구든지 다른 것을 제안하거나 쓰거나 생각하거나 가르치는 것을 허용할 수 없다고 선포한다. 그러나 진리를 배우기 위해 그리스 사상이나 유대 사상으로부터 또는 어떤 이단사상으로부터 돌아서는 사람들에게 감히 다른 신앙고백을 작성해서 주거나 다른 신조를 만들어서 그것을 가르치거나 전파하는 사람들은 만일 그들이 감독이나 성직자라면 면직될 것이고 수도자들이나 평신도라면 파문당할 것이다.

참고 문 헌

Bright, W., ed. *The Orations of Saint Athanasius againt the Arians*, Oxford: At the Clarendon Press, 1884.

Cullmann, O. *The Christology of the New Testament*. Translated by S. C. Guthtie and C. Hall. Philadelphia: Westminster Press, 1959.

Daniélou, J. *Origen*. Translated by W. Mitchell. New York: Sheed & Ward, 1955.

Fuller, R. H. *The Foundations of New Testament Christology*. New York: Scribner, 1965.

Greer, R. A. *The Captain of Our Salvation*, Tübingen: J. C. B. Mohr, 1973.

Grillmeier, A. *Christ in Christian Tradition*. Translated by J. Bowden. 2d ed. Atlanta: John Knox Press and London: Mowbray, 1975.

Hahn, F. *The Titles of Jesus in Christology*. Translated by H. Knight and G. Ohh. New York: World Publishing Co., 1969.

Kelly, J. N. D. *Early Christian Doctrines*, 5th rev. ed. London: A. & C. Black, 1977 and New York: Harper R Row, 1978.

Koetschau, P., ed. *Origenes Werke*, vol. 5: *De Principus (Die Griechischen christlicben Schriftsteller der ersten drei Jabrbunderte*, vol. 22), Leipzig: J. C. Hinrichs, 1913.

Krpymann, E., ed. *Q. S. Fl. Tertulliani de carne Christi, in Corpus Christianorum*, Series Latina, vol. 2: *Tertulliani Opera*. Turnholt, 1954.

____, and E. Evans, eds. *Q. S. Fl. Tertulliani adversus Praxean*, in *Corpus Christianorum*, Seties Latina, vol, 2: *Tertulliani Opera*. Turnholt, 1954.

Lietzmann, H. *Apollinaris von Laodicea und seine Schule*. Tübingen: J. C. B. Mohr, 1904.

Loofs, F., ed. *Nestoriana: Die Fragmente des Nestorius*. Halle: Max Niemeyer, 1905.

Moule, C. F. D. *The Origin of Christology. Cambridge*: At the University Press, 1977.

Norris, R. A., Jr. *Manbood and Christ: A Study in the Christology of*

Theodore of Mopsuestia. Oxford: Clarendon Press, 1963.
Pannenberg, W. *Jesus God and Man*. Philadelphia: Westminster Press, 1968.
Pelikan, J. *The Light of the World*. New York: Harper, 1962.
_____. *The Christian Tradition*, vol. 1: *The Emergence of the Catbolic Tradition*, Chicago: University of Chicago Press, 1971.
Petler, O., ed. *Sur la pâque et fragments* [par] *Méliton de Sardes*. Paris: Editions Du Cerf, 1966.
Pollard, T. E. *Jobannine Christology and the Early Church*. Cambridge: At the University Press, 1970.
Prestige, G. L. *Fatbers and Heretics*, London: S. P. C. K., 1963.
Sagnard, F., ed. *Irenaeus: Contre les hérésies*. Paris: Editions du Cerf. 1952-69.
Schwartz, E., ed. *Acta Conciliorum Oecumenicorum*. Berlin and Leipzig: De Gruyter, 1914ff.
Sellers, R. V. *Two Ancient Christologies*, London: S. P. C. K., 1963.
_____. *The Council of Chalcedon*. London: S. P. C. K., 1953.
Swete, H.B., ed. *Thedori Episcopi Mopsuestni in Epistolas B. Pauli Commentarii*. 2 vols. Cambridge: At the University Press, 1880. (Vol. 2 contain an edition of Theodore's dogmatic fragments.)
Wingren, G. *Man and the Incarnation: A Study in the Biblical Theology of Irenaeus*. Philadelphia: Muhlenberg (now Fortress) Press and Edinburgh: Oliver and Boyd, 1959.